Mehr Popcorn, bitte!

Anika Kreimeier

Mehr Popcorn, bitte!

Kontrolle

Freiheit

Vertrauen

MIT BONUS
Audio Sessions

Über die Autorin

Anika Kreimeier, 1978 in Herford geboren, lebte über 25 Jahre lang in ihrer Wahlheimat Köln und wurde in der Zeit für Marketing Projekte der Eventindustrie weltweit gebucht. Heute wohnt sie überwiegend in Indonesien auf einer kleinen autofreien Insel und betreibt dort ein Airbnb. Ihre Worte wurden bereits in Deutschland und Bali in Magazinen veröffentlicht.

Bibliografische Information der Deutschen Nationalbibliothek: Die Deutsche Nationalbibliothek verzeichnet diese Publikation in der Deutschen Nationalbibliografie; detaillierte bibliografische Daten sind im Internet über dnb.dnb.de abrufbar.

Satz: Jessica Beckmann
Fotos: Valérie Blanchard

Verlag: BoD · Books on Demand GmbH, In de Tarpen 42, 22848 Norderstedt
Druck: Libri Plureos GmbH, Friedensallee 273, 22763 Hamburg

Der Inhalt dieses Buches basiert auf wahren Geschichten. Die genannten Personen sind alle echt.

ISBN: 978-3-7693-1068-9

Für alle. Auch für dich.

Es heisst,
die Natur
hat alles Wissen
und
alle Antworten.
Wir sind Natur.
Natürlich.
Sich selbst zu beobachten,
bringt uns nicht alle Antworten,
aber es löst Fragen auf.

Kapitel

Meine Stationen im Überblick

2001 *23 Jahre alt*

Mit der Vespa durch Köln in die Agentur zur Arbeit gefahren. Ich konnte nie den gleichen Weg zweimal nacheinander fahren. Alles in mir wollte Abwechslung. Immer schon.

2006 *28 Jahre alt*

Mein erster Tag in der offiziellen Selbstständigkeit. Und jetzt? Wie geht das mit der Kundengewinnung, wie komme ich an Aufträge?

2010 *32 Jahre alt*

meine erste Erfahrung mit Yoga in Südafrika gemacht

2015 *36 Jahre alt*

am 3. Januar meine erste Nacht in Indien verbracht

2017 *38 Jahre alt*

mit Managern von internationalen Unternehmen geatmet, gesummt und meditiert – begonnen, Welten zu verbinden

2020 *42 Jahre alt*

mein Katzen Cafe in Indien als Plattform für Online-Yoga genutzt, um Menschen trotz weltweitem Stillstand online in die Ferne reisen lassen, einen Ort des Wachstums und der Verbindung erschaffen

2022 *44 Jahre alt*

eine Villa mit Schaukel auf einer kleinen indonesischen Insel gekauft, wobei ich einen Dartpfeil nennen wir ihn „Urvertrauen" entscheiden ließ

2024 *46 Jahre alt*

in Selbstbewusstheit, Leichtigkeit und Freiheit angekommen

Ich habe alles losgelassen und wusste nicht, dass dieses Leben, was ich momentan führe, mein Traum ist – bis es Realität wurde.

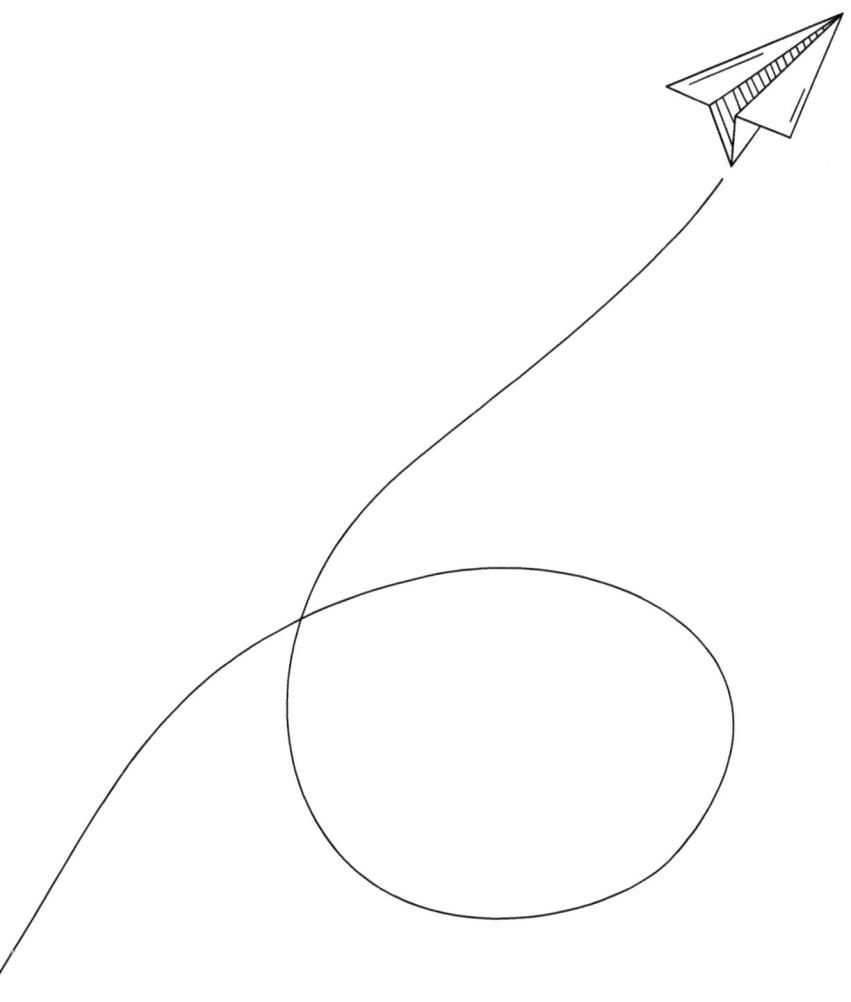

Mein Buch

... schenkt dir Inspiration, Weitblick und neue Perspektiven. Wenn du in bestimmten Momenten die Popcorntüte schnappen und in die Beobachtung gehen kannst, wird das Leben leichter.

Meine Geschichten sind alle aus meinen Erfahrungen entstanden. Ich lebe nicht nach einem Motto, sondern mein Leben zeigt mir mein Motto immer wieder neu. Denn ich bin hier, um Fehler zu machen. Und vor allem, um daraus zu lernen und zu zeigen, dass wir immer wieder aufstehen können. Dass es ok ist. Dass es Leben ist.
Ein lebendiges Beispiel sozusagen. **Für Mut, Individualität, Vertrauensfindung, Freiheit und Lebensfreude.** Das heisst nicht, dass du es so wie ich machen sollst, es bedeutet einfach, dass es funktioniert. Und wenn es für mich klappt, den Kurs zu ändern, von Kontrolle in die Freiheit und Leichtigkeit zu finden, dann auch für dich. Und zwar auf DEINE eigene Art. Eigenartig eben. Wie du. Dein Job ist es, diese Einzigartigkeit wieder zu

entdecken. Und Vertrauen zu finden, zu stärken.
Die meisten von uns haben die Freiheit bei der
Geburt abgegeben. Das Wunderbare, Wilde, Pure
haben wir verlernt und wir brauchen manchmal
mehr als ein Leben lang, um diese Freiheit wieder zu finden. Und auf diese Reise habe ich mich
gemacht. Vor mittlerweile 10 Jahren bin ich in Indien gestartet. Anfangs sehr unbewusst und dann
immer bewusster.

Machen wir uns auf die Reise.
Was für ein Abenteuer!
Es ist der Weg, Freunde der Sonne.
Nur der Weg.

Und auf diesem Weg suchen wir ständig, oder?
Wir suchen nach einem Schild, einem Zeichen,
nach Liebe, einem Menschen, einem Ort, einer
Quelle, einem Streichholz, um unser Feuer wieder
zu entzünden. Dafür brauchen wir eins: **Vertrauen.**
Wenn du dich mit deiner inneren Stimme, deinem
Urvertrauen wieder verbindest, hörst du auf, im
Aussen zu suchen.

Bei einem Spaziergang am Strand in Goa ergab
sich einmal ein schönes Gespräch mit einem Bekannten aus einem anderen Land. Und er sagte:
Du bist auch eine Suchende, oder?
Ich erwiderte fröhlich: ich suche nicht mehr. Ich

bin eine Findende. Ich habe es nicht eilig auf diesem Weg. Denn ich glaube, wenn ich finde, was ich suche, dann ist das Spiel vorbei. Dann gehe ich.
Und er lachte und ich fragte ihn:
Was ist daran so lustig? Und er antwortete:
naja, was du am Ende findest ... bist DU.

Nach jedem der 9 Kapitel gibt es Inspirationsfragen.

Du kannst sie alleine für dich betrachten. Dabei geht es nicht darum, wie in der Schule, eine Antwort zu finden, sondern eine Weile mit der offenen Frage zusammen zu sein. Sie wirken zu lassen.
Oder du verbindest dich mit anderen Menschen (online oder offline), um diese Fragen und Themen gemeinsam zu beleuchten. So kann eine wundervolle Gruppe entstehen mit einem sicheren Raum für einen tiefen wohltuenden Austausch.
Schaue auch gerne auf meiner Webseite nach meinen Angeboten für freie Räume, so dass wir uns persönlich online dazu austauschen können. Veränderung passiert nicht durch Zuschauen.

An jedem 9. Tag des Monats halte ich einen ZOOM Raum. Du bist herzlich eingeladen. Den Weg dorthin findest du auf meiner Website.

Darüber hinaus gibt es Audios, die du für dich anwenden kannst. Wie dieses. Wenn du mit deiner Handykamera den Barcode scannst, führt dieser dich zu extra Audio-Aufnahmen von mir für dich. Das Verzeichnis findest du am Ende des
Buches.

und noch etwas:

Glaube mir kein Wort – probiere es für dich aus.

Audio
Vorwort

Auf ein
(Vor-) Wort

Beginnen wir beim Offensichtlichen:
Und zwar beim Popcornsymbol, mit dem auch jedes Kino arbeitet und das wie ein Signal auf unser Unterbewusstsein wirkt.

Die Popcorntüte soll dich daran erinnern, dass alles zu deinem Entertainment passiert.
Nicht nur im Kino, sondern auch in diesem Buch – und in deinem Leben.
Denn die bekannte Popcorntüte verspricht uns:

> *Entspannung und Spannung*
> *Ruhe und Action*
> *Zurücklehnen und Mitfiebern*
> *Identifikation und Loslassen*
> *Höhen und Tiefen*
> *Reisen – innen und außen, ohne irgendwo*
> *kleben zu bleiben*
> *Inspiration und Abschalten*

Hingabe – sich an alles erinnern und alles
vergessen
Kein To-do und kein Bemessen
stattdessen:
besessen von Passivität,
Zurücklehnen, Popcorn essen
und beobachten.

Hast du deinen Verstand schon mal wie eine Abteilung unseres Körpers behandelt, gesehen und wertgeschätzt? Wie der Ellbogen, die Milz, die Stimme, die Gedanken. Alles Abteilungen eines Unternehmens, *deines* Unternehmens.

Im Laufe unserer Evolution ist die Raumgröße des Verstandes allerdings etwas außer Kontrolle geraten. Da wurde eine Unterabteilung nach der anderen geschaffen. Immer mehr Gewusel fand in den Fluren statt. **Anders ausgedrückt:** Ein Teil von uns hat so viel Kontrolle übernommen, dass sich der Rest vom Team völlig eingeschüchtert zurückgezogen hat.
Dabei ist unser gesamtes menschliches System, für Teamwork und nicht für „Headwork" designed worden.
Lass dir das mal mit der Popcorntüte in der Hand und dem knusprigen Gefühl und Salzkaramellgeschmack auf der Zunge zergehen.

Der Verstand wollte das aber auf keinen Fall zulassen. Stark und strategisch wie er ist, hat er den Chefsessel eingenommen.

Irgendwie hat er sich in unserem Bürokomplex Mensch auf die oberste Etage geschlichen und entschieden, dass er es ist, der ab jetzt entscheiden wird.

Und zwar alles.

Auch Dinge, mit denen er eigentlich nichts am Hut hat. Wie zum Beispiel: Was unser Körper wann braucht oder auch, wann wir die eingebrockte Suppe auslöffeln oder auch, wann das Popcorn gepoppt ist. Heißt: Wann wir irgendwo weitermachen und wann wir es gut sein lassen.

Unser Team hatte keine Chance, die Entscheidungskraft zurückzuerobern: Dass der Chefsessel dem Verstand gehört, ist auch noch von anderer Seite unterstützt worden. Von weiteren, „äußeren Autoritäten", Sätzen wie „denk doch mal nach" oder „erst denken, dann sprechen". Jedes Mal, wenn wir so etwas hören, dreht sich der Verstand in seinem knatschenden Lederstuhl wissend lächelnd. Er wird größer und plustert sich auf.

So begann es, dass unser Geist sich immer mehr von der Drei-Einigkeit Körper, Geist und Seele entfernte. Körper und Seele wurden im Lauf der Zeit immer weiter untergeordnet.

Klar ist, dass er, der Herr Verstand, immer weniger Lust hat, sich wieder ins Großraumbüro zu setzen. Er verteidigt sein Chef-Büro und diese Machtposition mit allen Mitteln.

Und er ist klug.

Ist ja auch sein Job.

Der Verstand lässt sich so leicht nichts erzählen. Wenn wir was sagen, kommt direkt zurück: „BEWEEEEISEEEEEEE! Sonst ändert sich hier gar nichts!" Der Herr Verstand möchte also ganz klar Messbares hören. Denn das ist für ihn das A und O. Gut, schlecht, besser, nicht gut genug. Das ist die Hauptmesslatte.

So bewertet er unser Wohlbefinden.

So bewertet er auch Körper und Seele.

Vor allem die Seele musste erstmal zurücktreten.

„Ab in die Garderobe, das ist meine Show!", sagte er. „Ok, den Körper brauche ich hier auf der Bühne, aber du ... Seele, du kannst dich mal entspannt zurücklehnen. Du hast mir gar nichts zu sagen." Die Sache ist die, dass dieses Leben zwar in absoluter Dualität passiert (wo Licht ist, ist auch Schatten, die zwei Seiten der Medaille eben), das Allermeiste jedoch gar nicht messbar ist.

Fällt dir etwas ein, wenn ich das so sage?

Was ist nicht messbar?
Überleg mal ...
Was ist nicht messbar ...?

Mir fällt da ein:

Dankbarkeit zum Beispiel.

Und Liebe.

Und Einzigartigkeit.

Wenn also dieser geistesgegenwärtige Verstand der Chef-Entscheider in unserem Leben ist, beziehen wir in unsere Entscheidungen immer nur messbare Dinge ein.

Das ist sein A und O.

Ohne Messbarkeit existiert „es" für ihn nicht.

Also nichts.

Somit ist seine, also unsere, Entscheidung niemals vollständig und damit auch niemals korrekt, wenn der Verstand sie allein trifft; wir den Verstand Entscheidungen allein treffen lassen. Selten sind diese Entscheidungen dann beflügelnd. Sie fühlen sich, auch wenn sie dann „endlich getroffen sind", nicht leicht oder besonders gut an.

Ist dann halt so.

Wann hast du das letzte Mal etwas absolut aus dem Verstand entschieden und dir flog damit alles um die Ohren. Wann warst du vernünftig – und dann doch wieder unglücklich?

Autsch.

Der Blick zurück kann weh tun, oder?

Keine Sorge ... das ist alles Teil des Spiels. Das gehört dazu. Wichtig ist, daraus zu lernen, es zu erkennen und es zu beobachten.

Darauf fokussieren, wo er gute Arbeit leistet und dir beiträgt.

Oft höre ich in Gesprächen: „Ich muss auch noch daran arbeiten, den Verstand abzuschalten".

Bloß nicht.

Wir wollen den Verstand nicht abschalten. Er soll sich einfach nur um das kümmern, wofür er hier ist. Für manche Menschen ist es nicht stimmig, wenn sie intellektuell unterstimuliert sind. Sie brauchen ständig Impulse – das ist ihre Meditation. Das sieht bei einem passiven Verstand ganz anders aus. Der ist aufnahmebereiter, umso entspannter er ist.

Vielleicht fragst du dich „Wie nutzen wir unseren Verstand also gut für uns?"

Meine Idee dazu ist: Indem wir ihn dafür einsetzen, wofür wir dieses Geschenk bekommen haben. Der Verstand möchte eben auch gebraucht werden, für etwas „gut" sein.

Verständlich, oder? Kennst du auch.

Du backst leidenschaftlich gerne und jemand fragt dich, ob du bei der Steuererklärung hilfst. Hm ... och ... muss nicht sein. Aber wenn er dich bittet, einen Kuchen für das nächste Treffen zu backen, weil der so köstlich ist. Yes! Feuer und Flamme.

So ist das auch mit dem Verstand.

Es ist also an uns, wofür wir ihn einsetzen und selbst, wenn er fast automatisiert überall eingreift, können wir etwas tun.

Wenn er mal wieder übermütig wird, wenden wir einen Trick an: die Ablenkung.

Wie bei kleinen Kindern: Wenn du ihnen das vom Tisch gekrallte Messer wegnimmst, drück ihnen schnell einen Löffel in die Hand.

Mit dem Verstand ist es nichts anderes.

Ich weiß zum Beispiel, dass mein Verstand immer aktiv ist. Ich wache auf und es geht los ... Ständig. Diese Aktivität ist wirklich zuverlässig.

Mit dem Messer zu spielen, sieht beim aktiven Verstand so aus:

- Beim Entscheiden ins Gedankenkarussell rutschen
- Mich selbst für irgendwas bewerten und verurteilen
- Versuchen, Gefühle einzuordnen

Da muss ich ihm schon etwas anderes anbieten, damit ich ihn von solchen Themen ohne Streit lösen kann. Manchmal krieg ich das sehr schlau hin und er merkt es kaum. Und der Löffel, also die Ablenkung, ist in diesem Fall:
Kreuzworträtsel lösen, kleine Detektivaufgaben wie das Suchen und Finden des Ladekabels, ein

Flugticket recherchieren, üben, die Welt neutral
zu beobachten, indem er andere Fragen gestellt
bekommt.

Der Verstand ist so schlau, dass er auch all seine
Kunst und Kraft, sein Talent der Manipulation
und Berechnung anwenden wird, um sein Büro zu
behalten.

Heimtückisch.

So, dass du es kaum bemerkst und es für völlig logisch hältst, statt allein der Stimme deine Herzens
zu folgen, nun doch nachzudenken. Jetzt doch
abzuwägen und dabei immer wieder nach Messba-
rem zu suchen. Was also tun?

> *„Hier und jetzt Anika, was kann ich machen"?*
> *„Wie kann ich diese Kette unterbrechen?"*

Meine Antwort ist: „Schnapp dir Popcorn!"

Vielleicht wirst du nicht direkt alle Antworten
finden, aber die Fragen werden weniger und verschwinden irgendwann.

> *„Anika, hast du den Verstand verloren?", fragst du?*
> *„Noch nicht, aber ich arbeite daran!", sage ich.*

Zumindest bei den großen Entscheidungen des
Lebens. Stell dir vor, du schaust dir dein Leben an
wie einen Film.

Das haben wir schon oft gehört, oder? Und dann wird nicht selten gesagt: Du bist der Hauptdarsteller in deinem Film des Lebens. Für mich geht es aber noch einen Schritt weiter, noch tiefer.
So wichtig sind wir nämlich gar nicht. Nicht einmal in unserem eigenen Universum. Da alles zusammenhängt, ist niemand herausragend und es gelten für alle die gleichen Gesetze. Einige Menschen sind hier einfach weniger im Widerstand als andere. Und so entfaltet sich das Leben unterschiedlich und wir glauben, dass einige wichtiger sind als andere.

> *Aber Anika: „Nicht der Hauptdarsteller in meinem eigenen Leben sein? Wie soll das gehen?"*

Ganz einfach und doch eben nicht:
Du nimmst keine Identifikation mit deinem Leben an. Hängst nicht an oder in den Requisiten, bist auch nicht der Regisseur, klebst nicht an dem Filmkuss fest, verkörperst schon gar nicht den Komparsen, der mal durchs Bild geht, ...

> *„Aber Anika ... was hat das denn dann für einen Sinn?", fragst du dich weiter. „Ich soll weder der Hauptdarsteller, noch der Regisseur, noch irgendwer sein? Wer denn dann?"*

Schau ... wenn wir doch Seelen sind, die in unserem Körper hier durch dieses Leben reisen, dann sind wir zu Besuch.

Im Körper. Und im Leben.

Nichts gehört wirklich dir, nichts bleibt für immer bei dir. Nicht dein Körper, nicht einmal dein Leben.

Dann setzen wir uns ins Kino und schauen uns den Film an. So neutral wie möglich. Frei von Druck, das Ende wissen zu wollen. Wir gucken einfach zu. Publikum. Kannst du dir das vorstellen?

Oder bist du noch so verknüpft mit
- deinem Verstand
- deinem Ego
- deinem Körper
- deinem Wunsch
- deiner Vorstellung
- deinem Tun
- deiner Emotion,

dass es für dich gar nicht vorstellbar ist? Am Ende dieses Buches ist es vorstellbar. Du wirst schon beim Lesen immer wieder inspiriert, anders durch dein Leben zu gehen. Und vielleicht wirst du spüren, welchen Unterschied das macht. Du wirst auch deutlicher die Manipulation deines Verstandes bemerken. Wie er dir reingrätscht aus seinem quietschenden Chefsessel. Und du könntest dich immer öfter entscheiden, ihn abzulenken und ihm

seine echten Jobs zuzuteilen, während du lebendig
dein Leben lebst. Ich weiß, es ist etwas verrückt
und kann deine bisherige Perspektive ganz schön
auf den Kopf stellen. Wir sind schon mittendrin
und es ist absolut Zeit. Oder möchtest du weiter-
hin als Tourist durch dein eigenes Leben reisen
– ein Tourist, der ständig abgemüht ist, immer am
Suchen, mit Stadtplan in der Hand und die Reise
gar nicht richtig genießen und Eis essen kann?
Es ist Zeit, dich etwas mehr aus der Identifikation
zu nehmen. Es ist Zeit, der Beobachter zu werden.
Zu sein. Mehr zu SEIN. Denn insgeheim wünschst
du dir das vermutlich.
Einfach mal SEIN.
Richtig?

„Aber Anika, warum keine Identifikation? Was sind
denn die Vorteile? Ich liebe mein Leben, ich möchte al-
les fühlen, komplett mittendrin sein, nichts verpassen
... nur zuschauen ist doch langweilig.“

Das habe ich auch lange gedacht, bis ich immer
mehr in die Beobachtung gehen konnte. Und so
wurde mir einiges klar. Das möchte ich gerne mit
dir teilen. Aus meinen ganz persönlichen Erfahrungen.

Vielleicht findest du in meinen Erfahrungen deine
eigenen Antworten.

Ich wünsche dir viele Erkenntnisse, Berührungs-
punkte, Inspiration, Freude, viele Popcorn-Knab-
ber-Momente und neue Perspektiven.

„

Der Weg ist das Ziel –
sagst du?

Was, wenn es kein Ziel gibt?
Nur den Weg.

"

Popcorn und die
KONTROLLE

Als mir mein indischer Yogalehrer und spiritueller
Freund Yogesh vor knapp 10 Jahren sagte:

Stop making it happen!
You have to let it happen!

war ich mehr als verwirrt und herausgefordert. Ich
habe fast eine Dekade gebraucht, es wirklich zu
verstehen, zu verkörpern, zu leben.
20 Jahre lang arbeitete ich weltweit in der Event-
branche und eine alles entscheidende Frage vom
Kunden lehrte mich genau das Gegenteil:
„Can you make it happen, please?!"
Nein, Moment, eigentlich war das keine Frage, das
war eine Ansage.
Mit Ausrufezeichen!

Und so haben wir als Agenturteam im Auftrag Unmögliches möglich gemacht und versucht, zu kontrollieren, was oft unkontrollierbar war.

Unsere Kunden aus der Automobilindustrie wollten sich der Welt bei den Pressekonferenzen innovativ zeigen, einen Schritt voraus, durch Shows und Illusionen auf der Bühne, die es noch nie zuvor gab.

Die Herausforderung: VERTRAUEN. Denn einen Schritt voraus zu sein, bedeutet, noch nichts Vergleichbares, Messbares, Beweisbringendes zu haben.

Es braucht Vertrauen in das Ungewisse,
in die Fähigkeiten des anderen,
in das Team und ja, auch in das Leben selbst.

Vertrauen ist eine Grundvoraussetzung für diese Projekte. Alle Beteiligten hatten mehr davon, als ihnen bewusst war. Immer wenn wir ein Risiko eingehen, verbinden wir uns mit dem Vertrauen, dass es „gutgehen" wird. Was immer „gut gehen" für uns heißen mag.
Dieses Vertrauen war jedoch nicht immer auf Kundenseite gegeben. Wenn wir einen Kunden hatten,

der uns vertraut hat, war die Arbeit sehr fließend.
Es gab ein Miteinander, gemeinsame Ziele.
Wenn dem nicht so war, wurde jedes Meeting zu
einem Überzeugungskampf. Da es diese verrück-
ten Shows, die wir uns ausdachten, wirklich noch
nicht gab, gab es auch kein Material für Präsen-
tationen oder Referenzen. Und dann steht da ein
Kunde, der sagt:

Wird das funktionieren?
Ich kann es mir nicht vorstellen.
Wie soll das aussehen?
Und was ist, wenn das und jenes passiert,
was machen wir dann?

Somit mussten wir sehr visuell arbeiten und dem
Kunden oft einen roten Teppich für sein Vertrauen
ausrollen. Wir haben bunte 3D-Präsentationen
erstellt, Muster für Kostüme anfertigen lassen,
Testessen veranstaltet, sind an die Orte geflo-
gen, an denen das Event stattfinden sollte, haben
Positionen, Maße und Möbel mit Klebestreifen auf
Boden und Wände geklebt. Wir wussten, je besser
wir den Kunden „abholen" konnten und je mehr es
uns gelang, ihn mit allen Sinnen in seine Vorstel-
lungskraft zu bringen (riechen, schmecken, fühlen,
sehen, spüren), desto stärker wurde der Vertrau-
ensteppich geknüpft und damit durfte auch unsere
Zusammenarbeit leichter werden. Oft schlich sich

der Kunde erst schüchtern über den Teppich, ließ
sich dann aber immer mehr darauf ein.

Wenn das Vertrauen fehlt,
braucht alles etwas mehr Energie.

Aber über Jahre durfte dieses wachsen. Zwischen
Kunde und Agentur. Man wusste irgendwann: Die
Arbeit wird erledigt. We make it happen.
Und dann gab es da noch die Wahrscheinlichkeits-
rechnung:
Ich erinnere mich an eine Situation in Barcelona
in Spanien. Wir waren die durchführende Agentur
für einen Automobil-Kongress inklusive Weltpre-
miere von Fahrzeugen, zu dem circa 5000 Auto-
mobilhändler weltweit eingeladen waren.

Die Woche vor Beginn der Veranstaltung trafen wir
die letzten Vorbereitungen. Meine Aufgabe war es,
eine Präsentation für den Fall der Fälle zu erstellen.
„Contingency Planning" wurde das genannt. Eine
Planungssicherheit für unvorhergesehene Fälle.

Anika, schreib mal die Lösung für alle
Wahrscheinlichkeiten auf, die eintreten können.

Ich habe im Laufe der Jahre die verrücktesten Dinge erlebt, die man vorab einfach nicht einplanen konnte: Extremen Regen, knallige Sonne, plötzlicher Sturm, Krankheit, Redner fällt aus, die Testfahrstrecke wird an einer Stelle wegen Straßenreparatur blockiert, Mückenplage, Künstler wird krank, Kostüm geht kaputt, ein Schuh der Größe 46 wurde in China verloren – gar nicht so leicht, diese Schuhgröße in Asien zu finden. Ich habe ihn damals machen lassen. Alles ist schließlich möglich, oder?

Zum Beispiel hatten wir einmal einen Hamburger Straßenmusiker sehr spontan für ein erstklassiges VIP Event in den Deichtorhallen engagiert. Wir wollten die Authentizität des Hamburger Flairs für die Gäste aus aller Welt dadurch so original wie möglich halten. Er spielte wunderbar zum Einlass auf seinem Schifferklavier. Alles lief nach Plan. Bis er der erste am Buffet war und die Gäste von der Vorstandsrede auf der Bühne ablenkte, indem er sich selbst auf seine ganz unwissend-unschuldige Art mit eingelegtem Matjes belohnte. Den irritierten, erschrockenen Blick des Kunden werde ich nie vergessen.

Zurück nach Spanien. Zurück zu meiner Wahrscheinlichkeitskontrollliste für die Veranstaltung: Diese Wahrscheinlichkeits-Präsentation sollte unserem Kunden in Barcelona vermitteln, dass wir fit sind, dass wir denken können, dass es immer eine Lösung gibt, dass wir alles „unter Kontrolle haben".

Alle Wahrscheinlichkeiten waren ausgearbeitet und was passierte? Am ersten Veranstaltungstag meldete die Fluggesellschaft, bei der wir die Charterflüge gebucht hatten, Insolvenz an. Große Aufregung. Wie bekommen wir nun die Menschen zur Veranstaltung? Die Folgekette, die daran hing, war unglaublich lang und intensiv. Geld, Arbeitsplätze und Familien, die beeinträchtig werden können. Wir waren jeden Tag damit beschäftigt einen neuen Ablaufplan zu erstellen, denn nichts stimmte mehr.

... relax, nothing is under control.

Denn wir können nicht ALLES unter Kontrolle haben, das ist schlichtweg eine Illusion. Es geht darum, zu reagieren und flexibel zu sein mit allem, was außerplanmäßig passiert. Wie viele Ablaufpläne ich für die Mülltonne geschrieben habe.

Wie viele Ablaufpläne hast du für dein Leben bereits geschrieben und dann wieder verworfen? Was ist, wenn der Plan nicht aufgeht? Wie reagierst du, wenn es an deinem Geburtstag im Juli regnet und das Picknick am See umgeplant werden muss? Was ist, wenn du mit 38 noch einmal bei deinen Eltern einziehst und neu startest? Wie reagierst du, wenn dein Arbeitgeber dir sagt, dass du in Zukunft nicht mehr gebraucht wirst, weil die Abteilung geschlossen wird? Wie sieht es bei dir mit dem Vertrauen in das Team, die Existenz, die Kräfte und Mächte des Lebens aus, die wir nicht messen können, die mit dem bloßen Augen nicht einmal sichtbar sind?

Zum Glück waren meine lebensphilosophischen Gedanken damals noch nicht so weit und ausgeprägt, sonst hätte ich Kollegen und Kunden in die Wahrscheinlichkeits-Präsentation vermutlich ganz andere Sätze geschrieben und Popcorntüten dazu überreicht. Und dann hätte ich auch nach Hause fliegen können, da man mir wohl gesagt hätte, ich würde das Projekt nicht ernst genug nehmen.

Tatsächlich war das oft ein Punkt in meinem „früheren" Leben als Event Planer, dass ich dachte: Ach geht schon, wird schon! Das hat Leichtigkeit gebracht, aber die Professionalität augenscheinlich geschmälert. Auf dem internationalen 5-Sterne-Level wurde bis in das kleinste Detail ausgearbeitet. Nichts wurde dem Zufall überlassen – vermeintlich, wie gesagt.

Und dann erkannte ich Folgendes:
Das Leben antwortete auf die Energie, die in
dem Projekt steckte, die Freude, die Hingabe, das
machte es so erfolgreich – jedes Mal.
Mit einer Nine-to-five-Einstellung hätte man den
Job gar nicht machen können. Wir haben alle alles
gegeben.

Es gab keine Arbeitszeiten. Ich bin in Shanghai
auch mal sonntags um 10 Uhr vom Kunden angerufen worden, und wurde auf Chinesisch/Englisch
zur Rede gestellt, warum das Grau in den erstell-
ten Medien Mausgrau und nicht Taubenblaugrau
sei!
Dann wird sofort reagiert. Teammeeting. Ände-
rung. Make it happen. Wir waren immer zu 111
Prozent dabei. Voller Hingabe! Und das hat ganz
schön viel Energie freigesetzt.

Wenn die Existenz, das Leben, das Universum
erkennt, dass so viel Energie in ein Thema fließt,
unterstützt es. Das ist das Gesetzt der Resonanz.
Daher ist es so wichtig, darauf zu achten, welche
Pflanze du gießt. Stürzt du dich auf das, was dir
nicht passt und diskutierst es, erzählst es weiter,
bleibst daran kleben? Oder lenkst du deine Auf-
merksamkeit auf etwas Schönes und damit auf die
Leichtigkeit?
Das Thema, in das du deine Energie investierst,

wird größer. Mit Energie ist es wie mit Geld, mit Zeitqualität mit Emotionen, sie werden nicht weniger, wenn wir geben. Es ist eine Investition. Sie werden erfüllender, verwandeln sich und bleiben bei dir oder kommen zurück. Allerdings in anderem Outfit.

Es ist diese Balance zwischen
Vertrauen und Initiative,
zwischen Tun und Lassen,
zwischen Disziplin und kreativem Flow,
Dinge kontrollieren und passieren lassen..

Aber Anika, woher weiss ich denn,
wann ich tun und wann ich lassen soll?

Ja genau!
Ich habe diese Aussage von meinem spirituellen Freund und Lehrer Yogesh und dessen Einstellung heimlich viele Jahre verurteilt. Ich habe gedacht, das sind alles nur Ausreden. FAULHEIT! Man muss doch tun, fleißig sein, von nix kütt nix, wie der Kölner sagt. Das ist nur eine Ausrede, um in

der Hängematte liegen zu können und wir können doch nicht einfach alles akzeptieren. Meine Reisen nach Indien haben mir immer wieder gezeigt und beigebracht, dass es Zeit ist für mich, die Welt aus anderen Perspektiven zu betrachten. Dass es Zeit ist, meinen Blick und meine Einstellung zu erweitern. Manches ist am anderen Ende der Welt einfach sichtbarer für mich. Der Müll auf den indischen Straßen zum Beispiel schrie mich damals an: „Räum auf, übernimm Verantwortung. Make it happen." Wann tust du und wann lernst du, zu akzeptieren?

Oh wow. Ich werde sehr emotional, wenn ich jetzt auf diese lange, lange Reise zurückblicke. Diese Reise von der konditionierten Disziplin, vom Lernen, das Gelernte zu verlernen, von dem schlechten Gewissen über das Geschehenlassen bis zur völligen Hingabe. Zu begreifen, fühlen und zu er-leben, wie aus „Faulheit" Hingabe wurde. Mir war nie bewusst, was das für ein langer Weg durch den Widerstand war.

Anika, wie hast du denn angefangen?
Wie hast du gelernt mit dem Leben zu tanzen?
Wie bist du in die Leichtigkeit gekommen?

Ich erzähle dir von einem Moment, in dem sich mein Leben grundlegend veränderte. Und zwar hat sich damals etwas im Fundament verschoben. In meiner Einstellung. Und mit der Einstellung ist das immer so wie bei einem Radio. Wenn dir die Musik nicht gefällt, musst du etwas an der Einstellung ändern. Nicht beim Sender anrufen. Und ja, es war wirklich ein Moment.

Ich sass auf dem Fußboden vor der Couch in meiner Kölner Dachwohnung und gab auf. Und dann übernahm das Leben und zeigte mir den Weg.

Veränderung passiert ständig. Oft hinter den Kulissen.

Du triffst die Vorbereitung machst und tust und dabei denkst du: es tut sich nichts. Aber es passiert viel. Schau genau hin ... denn dann ... in einem Moment ... wird es sichtbar. Let it happen. Lass es sichtbar werden. So, wie die Erkenntnisse ab 2015 für mich in Indien immer wieder neu sichtbar wurden. Aber davor geht's noch ein bisschen weiter zurück.

Paris 2014. Ich war für ein Projekt dort. Inzwischen war ich 14 Jahre im Eventbereich tätig und sieben Jahre mit einer wundervollen Agentur für den Automobilbereich unterwegs. Ja, diese Agentur war wirklich voller Wunder. Wir haben viele emotionale Momente für unzählige Menschen geschaffen. Es gab eine Autoshow in Paris, Oktober 2014. Als meine Arbeit nach ein paar Tagen getan war, hatte ich Gelegenheit, in der Wohngemeinschaft der Technikkollegen auf der Couch zu schlafen. Von dieser Couch aus sah ich auf den Eiffelturm. Und er glitzerte. Und dieses Glitzern war wie ein inneres Aufflackern. Ich erinnere mich genau. Es waren Funken, die in mir irgendetwas entzündeten.

Ich hatte kein Anschlussprojekt, also sagte ich den Kollegen „Ich bleibe so lange, bis es regnet." Mit meiner Fotokamera zog ich durch Paris, Museen, Montmartre. Ich besuchte Buchvorlesungen auf französisch, lief orientierungslos durch die Straßen mit diesem kleinen flackernden Funken in mir. Ein Funke, der sagte „Da muss noch mehr sein". Dieses Leben, was ist da noch?

Es war wie ein leerer Raum in mir, der gefüllt werden wollte, der leise nach Erfüllung schrie.

Leise, aber unüberhörbar. Kennst du das? Die Stimme ist erst ganz leise ... und du kannst sie KAUM hören. Doch wenn wir sie nicht wahrnehmen, wird sie lauter. Und irgendwann schreit diese Stimme. **Sie brüllt dich an.**

Das bist DU! Das ist deine Seelenstimme. Das ist meistens ein Zeichen. Dafür, dass du bereit bist. Bereit für dieses „mehr". Wo ist es ... was ist da noch?

Und ich hielt Ausschau.

Und ich hielt an.

So, dass das Leben mich einholen konnte. Mein Leben. Nicht das, dem ich glaubte, hinterherlaufen zu müssen.

Nach einer guten Woche kam der Regen. Und ich bestellte ein Taxi zum Bahnhof, kaufte mir ein Zugticket und fuhr 4,5 Stunden nach Köln. Nach Hause. In meiner Straße war ein Yogastudio, was ich ab und zu besuchte. Eine Ausbildung zur Yogalehrerin wurde angekündigt. Der Betrag für die Ausbildung war hoch für mich, denn ich hatte immer noch kein Folgeprojekt im Eventbereich. Geld war knapp. Trotzdem meldete mich an.

Am Tag darauf bekam ich einen Anruf. „Anika – kommst du mit nach Tokio, es gibt ein neues Projekt."

Oh lala ... Money. Der Herr Verstand drehte seinen schwarzen Ledersessel in seinem Büro schwungvoll zu mir um, mischte sich ein und sagte:

„Geld ausgeben oder Geld einnehmen – ist jawohl klar, was wir jetzt machen."

Ich sagte die Ausbildung ab.

Ein paar Tage drauf, wurde das Event-Projekt abgesagt. Sofort rief ich beim Yogastudio an: „Das Projekt wurde abgesagt, ich möchte doch wieder mitmachen, gibt es noch einen Platz?"
„Oh Anika, die Ausbildung findet nicht statt, es gab zu wenig Anmeldungen."

Ich saß heulend auf dem Boden vor meiner Kölner Couch.

Ich gab auf.

Nennen wir es „Hingabe" an das Leben.
Denn wenn wir aufgeben, lassen wir los.

Unter Tränen öffnete ich meinen Laptop und wandte mich an das Universum, auch „Google" genannt. Ich gab den Begriff „Yogalehrerausbildung" ein.

Indien wurde sichtbar.
Ein Angebot zeigte sich. Meine Mutter sagte: Oh Outdoor, wie schön, da gibt es ja sicher Moskitonetze.

Es war November. Ein paar Tage später war ich auf dem Weg nach Frankfurt durch Schnee, Sonne, Sturm ... das volle Leben begleitete mich emotional. Ich holte mein Visum ab und landete am 3. Januar 2015 zum ersten Mal in Indien. Und so begann meine Reise ...

Eine Reise, die Balance zu lernen, zu leben und zu einem Mich-leben-lassen. Mit Mitte 30. Ich dachte: WOW, so spät, andere machen mit 21 ihre erste Yogalehrerausbildung. Mit der Zeit wurde mir klar, dass alles korrekt ist. So, wie es ist. Vom Weg zu der Ausbildung, meine Zeit in Indien und alles, was folgte. Ich musste all diese Erfahrungen in einem unschuldigen Bewusstsein machen. Das war gesund für mich. Ich wurde dafür designed, spät zu blühen. Und Yoga hat mich über den Körper auf diese Reise geschickt.

Da ich meinen Weg anfangs oft nicht gesehen habe und viel zu sehr in Verstandeskontrolle war, habe ich selten angehalten.

Und so wurde dieses Anhalten oft vom Leben angeordnet. Und zwar meistens durch Krankheit und andere Zeichen des Körpers. Manchmal fesselte es mich ein paar Tage ans Bett, zu anderen Zeiten aber auch sendete es mich an das andere Ende der Welt. Dieses „es" war jedes Mal Heilung. Diese Kraft, die wir nicht sehen können.

So bin ich über die Jahre in einem Schweigeretreat im Himalaya gelandet, in Lanzarote, in Moskau,

Mexiko, Amerika und immer wieder in Indien.
Das Leben selbst hat mich immer geschickt und
geführt. Und es hat mich durch meinen Körper
und meine Intuition geführt. Es ist schlau, denn
es dachte sich: Die Anika mag Herausforderungen,
Abenteuer und Reisen. Wir geben ihr mal ein paar
Event-Projekte, die sie um die Welt bringen, so,
dass sie immer wieder entdecken und ausprobieren kann. So, dass sie beginnt, die Vielseitigkeit
der Menschen zu sehen und ganz breit gefächert
vernetzt ist. So wird sich ihr Blick auf die Dinge
erweitern. Denn sie soll später den Menschen
Geschichten darüber erzählen.
Das kann ich jetzt sehen – jetzt – mit 46.
Vorher habe ich immer nur gemacht.
Und wenn du hier und jetzt beginnst, deinen
Widerstand im Leben zu beobachten, kann es für
dich auch leichter passieren, dass du stehenbleibst
und dein Leben dich finden, dich einholen kann.
Ich verspreche dir nichts. Aber ich habe es bereits
gemacht und kann aus Erfahrung sagen:

Wenn du anhältst und erlaubst,
dass dein Leben dich einholen darf,
wird es dich von hinten umarmen.

Es ist möglich.

Es ist möglich, die Wellen des Lebens zu reiten und ohne ständige Kontrolle die besten Erfahrungen zu machen, jenseits von dem, was du dir überhaupt vorstellen kannst. Viel weiter.

JA. AUCH für DICH!

Denn das Gesetz der Natur funktioniert für uns alle gleich. Es ist eine Frage der Offenheit.

Wenn du anhältst und erlaubst, dass dein Leben dich einholen darf, wird es dich von hinten umarmen. Es fühlt sich an wie eine absolute Erleichterung, ein Fallenlassen, ein Loslassen von allem ... als würdest du von dem Riesenstein, den du versuchst den Berg hochzuschieben, damit der Weg frei wird, einen Schritt zur Seite treten, er rollt runter und der Weg ist frei.

Und es wird leicht. So leicht!

Du lernst, dich dem Leben, diesem Flow immer mehr hinzugeben ... denn du bekommst immer mehr „Beweise", so dass der Verstand beginnt, zu verstehen. Und ja, auch er ist erleichtert. Denn er kann sich endlich damit beschäftigen, wofür er hier ist. Mentale Intelligenz, die uns hilft, Dinge umzusetzen. Und da kommt der Teil des TUNS ins Spiel.

„Anika, wann soll ich denn dann tun,
wenn ich alles lassen soll?"

Du „sollst" gar nichts. Du folgst. Und zwar deiner Energie. Sie wird es dir sagen – und sobald die Entscheidung getroffen ist (Achtung: NICHT vom Verstand!), hast du auch Energie für die Umsetzung. Und wenn du Energie hast, wird es Freude machen. Und Freude ist NEXT LEVEL für deine Frequenz und Vibration in diesem Projekt. In deinem Leben. Sie zieht noch mehr Freude und Leichtigkeit und Unterstützung an. Und die richtigen Menschen kommen und das Leben unterstützt dich, wo es nur kann.

Aber Anika, wenn ich nur dasitze und nix tue, passiert ja auch nix. Wenn mein Chef mich fragt: ‚Hast du heute den Kunden angerufen und die Präsentation rausgeschickt', und ich antworte ‚Das ist heute nicht passiert', dann kann ich auch einfach meine Tasche packen und habe ab morgen frei, würde ich sagen.

„Wann soll ich tun und wann soll ich lassen?"

Die Worte meines spirituellen Lehrers und Freundes Yogesh klingen immer noch mit starkem, indischem Akzent in meinem Kopf:

You have to put little effort and then existence supports you.

Aha, also ein bisschen Energie in die Richtung geben und dann unterstützt dich das Leben.
Und das ist meine Show, mein Leben, das ich mir ansehen darf, wenn ich die Popcorntüte zur Hand nehme. Ich frage mich: Wie leicht darf es sein und wieviel muss ich für eine Sache kämpfen?

„Aber Anika, es macht Spaß für etwas zu kämpfen, sonst hätte es keine Revolution gegeben oder manche Übeltäter wären auf freiem Fuß oder ich hätte diese Räumlichkeiten für mein Business gar nicht."

Ja, das stimmt.
Mein Vorschlag dazu:
Achte auf dein Energielevel.

Wann gibt es dir Energie, für etwas einzustehen, aufzustehen, laut zu sein …?

Dann ist es korrekt. Wenn es dich jedoch ausbrennt, von deinem Leben ablenkt, deine Energie vereinnahmt, dann lass die Zügel mal locker. Manchmal ist es eben auch nur unsere Aufgabe, etwas zu sehen und zu bemerken und zu kommunizieren – und andere Personen übernehmen. Weil sie ein Netzwerk haben, weil sie dafür ausgebildet sind, weil es IHR Leben ist. Du bist nicht für alles verantwortlich. Achte auf deine Energie. Saugt es dich aus, oder gibt es dir Energie und du kannst dann NOCH mehr erreichen durch deine Revolution und dein Aufstehen? Dann ist Widerstand durchaus sinnvoll.

> *„Anika, es heisst doch, was dich nicht umhaut, macht dich stark. Ich habe das Gefühl, ich musste für diese Wohnung, den Mann, das Leben dieser Katze, den Job richtig kämpfen."*

Yes! Kämpfe, zeige dem Leben, dass du bereit bist, Verantwortung für dein Next Level zu übernehmen. Wenn aber alles ... aber auch ALLES Gegenwind ist, dann ist es Zeit, einmal still zu stehen und das Popcorn zu schnappen. Beobachte, was sich tut, was du tust. Beobachte alles. Und spüre, was sich dann in deinem System, deinem Körper tut mit gedanklichen Vorstellungen von Leichtigkeit oder vom Loslassen. Wie sehr entspannt sich dein System? Wie stark zieht es sich vor Unsicherheit oder Angst zusammen? Wo blockiert es ... DICH? Und hier setzt du an. Da ist deine Arbeit.
Es ist ja immer wieder der Moment der Aufgabe.
Ist es aufgeben, abgeben oder hingeben?
Jetzt habe ich schon so lange für diese Beziehung „gekämpft" – was ist, wenn ich zu früh aufgebe? Es hat sich doch schon ein bisschen etwas geändert.
Ist das die Musik, die du mit deinem Radio hören

willst? Dreh mal ein wenig an der Einstellung –
nur ein kleines bisschen und beobachte, was sich
ändert. Vertraue.

*Schau, es geht nicht darum, aufzugeben,
sondern einfach mal die Kontrolle abzugeben.*

Lass die Führung mal los, lass dich chauffieren. In
dem Moment des „I give up" jubelt nämlich dein
Leben. Denn wer gibt hier eigentlich auf? Das ist
dein Verstand. Er erhebt sich aus dem schwarzen
Drehsessel, geht ans Fenster, schaut raus in die
Welt und geht dann eine Runde spazieren. Verlässt
das Büro … manchmal sogar das Gebäude – das
gesamte System atmet einmal tief ein und aus. Erleichtert. Leicht.
Das Büro wird umdekoriert – alles wird neu angeordnet und wenn der Herr Verstand zurückkommt,
ist er erstmal etwas orientierungslos und verwun-
dert, nimmt dann aber an seinem Schreibtisch der
Logik, Logistik und Messbarkeit Platz und freut
sich bestenfalls, dass er nun viel weniger Verantwortung hat, öfter mal spazieren gehen und eine
Pause genießen darf.
Und das Leben wird es dir zeigen. Alles. Denn:
Was für dich ist, kommt sowieso. Da kannst du
machen, was du willst. Es wird dich früher oder

später einholen, dieses Leben. Dein Leben. Also halt doch mal an, öffne die Fahrertür, begib dich nach hinten auf den Rücksitz, schnall dich an und genieß die Fahrt.

Deine Aufgabe:
Halt die Scheibe sauber, damit du die Aussicht genießen kannst und überhaupt siehst, wo du lang gefahren wirst. Und knabbere dein Popcorn.
Hol dir noch mehr davon.
Mehr Popcorn, bitte.
Beobachte vor allem deinen Verstand in seinem Chefsessel – und lenk ihn immer wieder ab, wenn er sich einmischt, ohne, dass es sein Job wäre.

Triff keine Entscheidungen, basierend auf messbaren Werten, nur weil dein Verstand es dir sagt.
Lass dich nicht perfide von ihm manipulieren, sondern lass ihn deine Koffer packen und irgendwelche Papiere ausfüllen.

***Wenn du nicht weißt,**
wo es etwas zu tun oder doch lieber zu lassen gibt,
frag dich:
Kostet mich das Energie oder gibt es mir Energie?
Wieviel Kampf ist dabei? Wieviel Widerstand?
Und ist das die Musik, die ich hören will?*

***Und schließlich:**
Ist das wirklich Aufgeben – oder Hingeben?*

Ich sage: Kontrolle abzugeben, kann sich anfangs
etwas unsicher und holprig anfühlen. Doch wenn
du es als Experiment langsam ausprobierst, führt
es in die Leichtigkeit. Starte sanft!
Viel Freude dabei, deinen Kinofilm ab heute mehr
und mehr zu genießen.

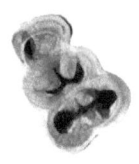

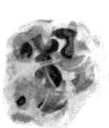

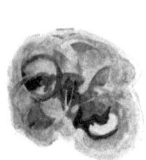

Perspektiv Wechsel

jetzt bist du dran

Was versuchst du hier und jetzt
in deinem Leben zu kontrollieren?

Welches Event kommt immer wieder
zurück zu dir? Fährst du noch eine
Runde Riesenrad oder steigst du aus
und unterbrichst ein Muster?

Beobachte genau: Wo gibst du deine
Energie rein – welche Pflanze lässt du
wachsen, welche wird verwelken?

Wann passierte das letzte Mal etwas
Ungeplantes? Wie hast du reagiert?
Darf das Leben dich überraschen?

Popcorn

2

und

die

Klebe

Als mein spiritueller Freund und Lehrer Yogesh
mir vor zehn Jahren sagte, dass ich mich mit
nichts identifizieren solle, war das ganz schön
weit weg für mich.
Ich war oft leidenschaftlich verbunden mit jedem
Liebeskummer oder Ungerechtigkeiten mir und
auch anderen gegenüber, auch mit meinen Reak-
tionen auf etwas und so vieles mehr.

Ich glaubte, wenn ich mich nicht
identifiziere, dann würde ich das Leben nicht
mehr fühlen können.

Ich liebte auch die Liebeskummermomente.
Auch die einsamen Momente.
Das war Lebendigkeit für mich.

Ich konnte das Leben dann besonders spüren.

Kennst du das auch? Pures Leben.
Höhen und Tiefen.
Auf der emotionalen Achterbahn unterwegs.
Wir sind dann komplett mit einer Emotion identifiziert. Wir SIND die Emotion und manchmal glauben wir, dass es nie vorbei geht, wir nie wieder jemanden küssen oder lachen oder tanzen können. Meine Freundin kochte mir dann Suppe, ich durfte stundenlang leiden und dann gab es viel Rotwein und Schokolade.

„Aber Anika, das sind doch die Geschichten, die das Leben schreibt. Diese Achterbahn. Wird es nicht langweilig, wenn ich mir das alles nur anschaue, anstatt mittendrin zu sein? Wenn ich neben der Achterbahn stehe, ist es ja auch nicht dasselbe Gefühl, als säße ich drin. Was darf ich denn noch fühlen?",
magst du denken.

Ich wollte es herausfinden, was an Yogesh Aussage dran ist. Keine Identifikation mit irgendetwas.
Was ist dran an dieser Art, sein Leben so zu leben?
Bringt mir das vielleicht mehr Leichtigkeit?
Wieso soll es so viel erstrebenswerter sein, mir die Achterbahn anzuschauen, als mit ihr zu fahren?
Und wie geht das überhaupt?

Ich zog los und begann über die Jahre immer mehr, alles zu beobachten.

Ich habe mir zum Beispiel die Mönche im Himalaya genauer angeschaut:
NO ATTACHMENT. Keine Zugehörigkeit. Keine Anhaftung. Mehr noch: kein Besitz. Hmmm ... ach, deswegen haben die buddhistischen Mönche und Nonnen keine Haare? Och nee. Ich mag meine schönen Schuhe, ich liebe Kleidung oder eine gute Matratze.

Muss ich alles loslassen, um erleuchtet durch dieses Leben zu kommen?

Ich habe für mich herausgefunden: NEIN.
Denn ich habe mittlerweile verstanden, was „No Attachment" heißt.
10 Jahre habe ich dafür immerhin gebraucht.
Ich DARF schöne Kleidung kaufen, ein Haus besitzen und auch Geld. Wenn irgendwas davon allerdings verschwindet oder der Zeitpunkt kommt, an dem ich es loslassen MUSS, dann kommt die eigentlich Aufgabe ans Licht: **meine Reaktion.**
Dann wird die Anhaftung, das Attachment, die Identifikation, wie immer du es nennen möchtest, sichtbar. Manchmal rennt Chef Verstand wieder

los. Gedankenkarussell. Das kann ich doch nicht
aufgeben. Das möchte ich behalten, denn ohne
fühle ich mich unwohl. Ich habe so viel Energie
reingesteckt, ob Zeit oder Geld oder beides. Das
brauch ich doch. Das gehört zu mir. Ich muss doch
für alle Gelegenheiten gewappnet sein.

Und jetzt stell dir mal vor, in genau dem Moment
schnappst du dir Popcorn, statt in die Achterbahn
einzusteigen, die da losfahren will.
Das sieht dann so aus:

Du stellst dich **NEBEN** die Achterbahn und
schaust dir die Fahrt, die Menschen, die Reaktio-
nen an.
Deine Gedanken.
Deine Sorgen.
Die Fragen in deinem Kopf.

Du kannst dich selbst in der Achterbahn sitzen sehen.

In dem Moment passiert Transformation. Etwas
wird für dich sichtbar. Dein Bezug zu einer Sache,
deine Abhängigkeit, deine Identifikation.

Das ist brillant. Herzlichen Glückwunsch, wenn du es schaffst, genau DIESEN MOMENT zu greifen. Das allein ist schon die Veränderung. Das ist Gewohnheit durchbrechen. Und ein großer Schritt Richtung Bewusstseinserweiterung. Ein großer Schritt, anders – nämlich leichter und klarer – zu leben, andere Entscheidungen zu treffen.
No worries.

Es geht nicht von heute auf morgen und schon gar nicht immer.

Sei sanft mit dir. Den Moment zu erkennen, ist hier und heute dein nächster Schritt.
Das ist alles.

„Aber Anika, ich bin mitten im Leben, so beschäftig mit Familienmanagement, mit meiner Selbstständigkeit, wie soll ich denn anfangen? Ich habe Angst, dass ich dann nicht mehr alles gemanaged bekomme. Ich habe Angst, dass dann etwas auf der Strecke bleiben könnte, was ich jetzt für wichtig halte!"

Wir beginnen langsam, Schritt für Schritt und so kannst du starten:
Du musst NICHTS TUN! Einfach nur beobachten.
Du erlaubst dir, Dinge bei dir zu haben, ganz nah,

sie auch zu besitzen, wie ein schönes Haus, hochwertige Bettwäsche, ein wertvolles Handy, schicke Schuhe, ein Auto, in dem du dich gerne fortbewegst.

Und nicht nur Materielles.

Was ist mit Menschen und Tieren in deinem Leben? Auch die dürfen ihren Platz haben: Dein Partner, der neben dir schläft, deine Kinder, die Katze auf der Couch, ... ACHTUNG ... wir tauchen noch tiefer ... dein Körper, mit dem du dich durch das Leben bewegst.

Und ich gehe noch weiter:

Betrachte auch Gefühle wie Liebe, Freude, Angst,

Sitz einen Moment in Stille und sei einfach mit deinen Gedanken.

Wut und Enttäuschung als eine Art Besitz.

Sei einfach mit der Betrachtung von dir und all diesen Dingen, Menschen, Emotionen in deinem Leben. Wie sehr bist du damit verklebt? Und wie sehr kannst du dir ein Leben vorstellen, wenn etwas davon nicht mehr da wäre?

Autsch? ... oder ok? Der Gedanke kann schmerzhaft sein. Aber so ist es, lieber Mensch – Dinge können kaputt gehen, Menschen und Tiere ster-

ben und Emotionen gehen auch vorüber. Dieses
Kribbeln im Bauch genauso wie Verlustschmerz.
Wie sehr kleben wir also an etwas und wie leicht
darf es werden, wenn es vergeht ... ?
Das ist ein Prozess.
Darüber sprechen ist eine Sache, jedoch wirklich zu fühlen, wenn sich die Klebe löst, wenn du
etwas loslässt, einen Schritt in die Ungewissheit
gehst ist ein anderer Schnack.

Ein sehr entscheidender Moment für mich war es,
meine Haare abzurasieren.
Es gab da diese innere Stimme, die irgendwie
nicht leiser wurde. Irgendwann war es der erste
Gedanke am Morgen und der Letzte vor dem
Einschlafen. Und der war: Wie ist es wohl, sich
die Haare abzurasieren? Wie fühlt es sich an? Was
macht das mit mir? Wie lange dauert es, bis sie
wieder gewachsen sind?
Und ja, es gab natürlich auch viele andere
Stimmen

- Anika, es braucht ewig, bis es wieder nachge-
  wachsen ist!
- Bist du sicher?
- Blond ist doch dein Markenzeichen!
- Was, wenn du dann männlicher aussiehst?
- Du kannst es erstmal nicht rückgängig machen –
  ab ist ab!

Und ich hatte ja keine Ahnung.

Es kam der Moment, in dem meine Bauchstimme
so deutlich war, dass nichts anderes ging.
Zu diesem Zeitpunkt war ich auf meiner kleinen
Insel Gili Air in Indonesien und wohnte damals in
einer wunderschönen Unterkunft. Alles war weiß
und türkis um mich herum. Ich fühlte mich wohl
und sicher. An einem Abend erinnerte ich mich an
einen deutschen Inselbewohner mit sehr kurzen
Haaren und fragte ihn, ob er ein Haarschneidegerät habe. Seine Antwort war pro-aktiv: „Klar,
kannste dir gerne leihen." Herzklopfen.

*Ich fühlte jeden Schnitt, jedes Haar das ich
losliess verbunden mit alten Geschichten.*

Und ich heulte Rotz und Wasser, ich befreite mich
von alten Geschichten, Schwere, Angst, Glaubens-
sätzen, den Bewertungen der anderen und tat, was
FÜR MICH korrekt war.
Irgendwann lief der Akku leer.
Ich zog mir eine Mütze auf, ging an die Rezeption
und bat Putu, die Mitarbeiterin um eine Schere.
„Anika – are you cutting your haaaair?", fragte sie
mich.
„Yes", antwortete ich.
„Do you need help?", fragte sie mich warmherzig.
Brauchst du Hilfe?

„Yes", flüsterte ich und nickte dabei, während mir wieder Tränen über die Wangen liefen.

Putu half mir, in meinen völlig zerfledderten Schopf eine Gleichmäßigkeit hereinzubringen.
Was für ein verbindender Moment. Noch heute fühle ich diese Verbundenheit.
Als ich wieder allein war, schaute ich die abgeschnittenen, leblos scheinenden Haare an. Und ich blickte in den Spiegel und ich fühlte alles und weinte alles raus. Alles.
Angst vor dem Sterben, Angst vor Krankheiten, vor Verlust, vor Vergänglichkeit.
Mein lautester Gedanke war: „MIST, ich habe dieses Buch noch nicht für die Menschen geschrieben. Was, wenn ich vorher gehe?"

Diese Aktion, vor der sich mein Verstand so gefürchtet hatte, die anfangs so viele augenscheinliche Gründe dagegen mit sich brachte und die letztendlich eine so tiefe Bedeutung für mich hatte, war so korrekt.
Meine Körperweisheit wusste das genau. Diese Erkenntnis gab mir so eine tiefe Zuversicht in meine eigene, innere Wahrheit und viele Ängste lösten sich mit einem Schlag auf.
Quasi mit einer Rasur.

Wenn wir das Ende, unsere Endlichkeit sehen, wird uns bewusst, was wirklich wichtig ist. Es wird sichtbar. Und das ist für mich: Menschen inspirieren. Wenn du gerade dieses Buch liest, dann bin ich genau für DICH hier. Das wurde mir klar, als ich den Verstand verlor und meine Haare abrasierte. Keine Klebe. Was für ein Geschenk! Was für ein Mutmacher diese Aktion war – auch für andere. Ich habe seitdem folgendes gestärkt und gelernt:

- mein Vertrauen in das Leben
- meine Glaubwürdigkeit mir selbst gegenüber
- meine Glaubwürdigkeit anderen gegenüber
- mein Freiheitsgefühl
- meine Fähigkeit, die Vergangenheit loszulassen
- meine Wertschätzung für den Körper
- nichts bleibt, wie es ist
- wenn ich nichts besitze, kann ich nichts verlieren
- das Gefühl von Zugehörigkeit hat nichts mit Besitztum zu tun
- das Potenzial, das Leben noch mehr im MOMENT zu genießen.

Das ist mittlerweile einige Jahre her und ich habe es bereits mehrfach wiederholt. Das Gefühl der Befreiung ist nicht mit Worten zu beschreiben. Für MICH!

Bitte, Freunde der Sonne, bevor ihr jetzt zum Haarschneidegerät greift:
Meine Geschichte bedeutet nicht, dass du dir sofort die Haare abrasieren sollst. Wenn Menschen mich fragen: „Anika, erzähl mir dein Geheimnis", antworte ich: „Das nützt dir nichts, es nachzuleben. Aber wie wäre es, wenn wir dein eigenes sichtbar werden lassen? Willst du?"

Jeder von uns hat eine ganz eigene Art. Dennoch gab es viele Frauen, die dadurch, dass sie mich auf Social Media beobachtet haben, ebenfalls Mut fanden und inspiriert wurden, etwas Neues auszuprobieren.
Bestimmt waren der Weg und die Lektionen für jede von uns komplett unterschiedlich.

Was danach für mich passierte? Alles änderte sich. Mein gesamter Blick auf die Welt. Ich habe mich drei Tage nicht auf Social Media gezeigt, um erst einmal selbst zu reflektieren. Die Inselbewohner riefen mir Roxette zu, die Frauen zeigten mir Daumen hoch und eine muslimische Frau sagte, das würde sie auch gerne einmal machen.
Ganz besonders habe ich ein neues Gefühl durch den Wind in Erinnerung. Ich habe noch nie zuvor, bewusst Wind auf meiner Kopfhaut gespürt.
Was für ein zartes, beruhigendes, ermutigendes, kitzelndes Streicheln des Lebens. Wie nach der

Geburt. Wenn wir noch keine Haare haben.

So fühlte es sich an. Wie neugeboren.

Die Energie, die dadurch freigesetzt wurde, ist so viel grösser als alles, was du dir mit deinendem dich limitierenden Verstand vorstellen kannst. Der Körper weiß es einfach so viel besser.

Vertraue dem Leben.

Lass los, wenn es Zeit ist.

Und jetzt kommt etwas, das für viele noch viel unvorstellbarer ist, als eine Kopfrasur:

Ich habe mein Hab und Gut aus meiner Kölner Eigentumswohnung – 90 Quadratmeter mit 50 Quadratmeter Dachterrasse – über einen Zeitraum von sechs Jahren komplett losgelassen.

Der Prozess dauerte so lang, weil ich es gerade bei diesem Thema immer wichtig finde, mit meinem Nervensystem verbunden zu sein. Wenn ich alles überstürzt aus einem Akt der Emotion oder Ungeduld weggegeben hätte, weil ich sauer auf das System, einen Wohnort oder die Ungerechtigkeit der Welt war, dann hätte ich keinen Landeplatz mehr gehabt – ein Stressfaktor für mein Nervensystem. Dann wäre dieser ganze so „hoch angepriesene" Akt des Loslassens eher schädlich als unterstützend gewesen.

Somit blieb Köln in diesem gesamten Prozess mein Landeplatz.

Einige Jahre habe ich diesen Spagat zwischen
Indien und Europa gelebt. Ich war sowohl in Flip
Flops als auch in High Heels unterwegs, ein Bala-
naceakt und immer wieder herausfordernd, von
einer Welt in die andere zu reisen. Innen mehr
als aussen. Aber da war diese Stimme, die mich
nicht auf meiner Kölner Couch liegen ließ. Wie oft
dachte ich: Kann ich nicht einfach hier bleiben. Es
ist doch alles da. Und gemütlich. Warum muss ich
immer wieder in die Welt?

„Aber Anika, warum hast du es dann gemacht,
wenn du es nicht wolltest?"

Naja, weil ich es nicht nicht machen konnte. Das
nennt man wohl „aufs Herz hören und den Verstand wieder mal verlieren." Ich musste in Bewegung bleiben. Innen wie aussen.
Meine Schwester erinnerte mich einmal an
meinen Mut. Ich war in Delhi und beförderte mit
meiner Yogamatte eine Kakerlake aus dem Fenster des Hotels, das im Internet bei der Buchung
eigentlich ganz passabel aussah. Ich erinnere mich
genau an den Moment, als sie mir das sagte. Denn

ich war überrascht. Ich hatte mein Pionierleben
nie als mutig betrachtet. Vielleicht weil ich immer
ein Auffangnetz hatte. Oder auch weil ich nicht
anders konnte, als immer wieder in Abenteuer zu
springen. Und weil ihre Worte in dem Moment
einfach gut taten.

Einfach mal ausprobieren, könnte ja gut werden,
war mein Motto. Und ja, Indien war selten be-
quem, aber immer wertvoll.

Insbesondere das Verhältnis zu materiellem Besitz
hat sich mir auf eine neue Art offenbart. In Indien
wird dem Material nicht so ein hoher Stellenwert
zugeordnet, wie ich es bisher in Deutschland gelernt hatte. Ein Kratzer am Auto hat keine Bedeutung und es wird deswegen niemals langen Streit
oder gar offizielle Verhandlungen geben, während
es in Deutschland eine Wertminderung darstellt.
Ein Loch im T-Shirt, zwei verschiedene Schuhe,
die Einrichtung des Hauses all das hat einen anderen Stellenwert.

Aber es ist nicht leicht,
das Gelernte einfach loszulassen.

Und das brauchen wir auch gar nicht, es geht einfach darum, Leichtigkeit reinzubringen, wenn ein
neuer Kratzer am Lack oder auf dem Handy ist

oder das Kleid ein Loch bekommt, weil du wild tobst. Das sind in meinen Augen alles Zeichen von Lebendigkeit.

Eines Jahres dann, motiviert von meinen Erfahrungen in Indien und dem Leben dort im Bezug auf materiellen Besitz, habe ich als Start in meinen Loslass-Prozess angefangen, einen Teil meiner Wohnung zu vermieten – an Messebesucher in Köln. Ich habe ganz bewusst beobachtet, wie es sich für mich anfühlte, dieses „Wer hat von meinem Tellerchen gegessen? Wer hat in meinem Bettchen geschlafen?"

Das war für mich ein Schritt in die Freiheit. Das Freischaufeln aus dem Leben, das so materiell geprägt war, in dem ich soviel Besitz angesammelt hatte. Und das auch absolut seine Aufgabe erfüllt hatte. Denn das war für mich Sicherheit.

Weil ich beruflich so viel unterwegs war, war mir ein Zuhause als Ort damals extrem wichtig. Ein Ort, an dem niemand mein Bett machte, keiner meinen Teller abräumte oder es kein Frühstücksbuffet gab – wie es in Hotels der Fall ist. Ein Ort, an dem ich alles genauso wiederfand, wie ich es Wochen oder auch Monate vorher verlassen hatte. Volle Kontrolle. Ich ließ mir also Zeit mit dem Prozess des Loslassens meines Nestes in Köln. Wenn ich auf Zwischenlandung in Köln war, verkaufte und verschenkte ich an Freunde und Bekannte meine gesammelten Schätze aus aller Welt

zum Beispiel auf einem Wohnzimmerflohmarkt.
Was dann passierte, war sehr schön:

Ich fand mich überall in der Stadt.

Ich saß auf „meinen" Stühlen bei meiner Freundin,
lauschte „meinen" Klangschalen im Yogastudio
um die Ecke, entdeckte „meine" Bücher nach einiger Zeit in den Händen von jemandem in meinem
Lieblingscafé und lernte:

„Wenn ich loslasse,
entsteht Weite.
Wenn ich nicht klebe,
bin ich überall."

Diese Beobachtung hat mir mein Leben und die weiteren Schritte in dem Prozess stark erleichtert. Bis ich dann 2023 die Wohnung selbst losgelassen habe.

Ich habe in dieser Zeit davor so viel über Geld, Freundschaft, Vertrauen und Kontrolle abgeben gelernt, wie in kaum einer anderen Zeit.
Einen Aspekt aus diesem Prozess möchte ich für dich hervorheben:
Als ich meiner Freundin sagte, dass ich mich von wirklichen Herzensdingen getrennt hatte, reagierte sie erstaunt. Zum Beispiel habe ich nur ein paar wenige Fotos aus der gemeinsamen Zeit mit einer verstorbenen Freundin behalten. Alle Alben sind weg. Es mag „herzlos" klingen, unemotional, kühl – aber lass mich dir erzählen, was dann passierte. Vielleicht inspiriert es dich, es ebenfalls auszuprobieren, wenn die Zeit dafür reif ist:
Mein gesamtes Erinnerungsvermögen erweiterte sich. Es war, als würde ein Vorhang in meinem Bewusstsein gelüftet werden. Diese Fotos hatten meine Erinnerung eingeschränkt. Als wäre sie in diesem Album festgehalten und darauf beschränkt. Mit dem Loslassen der kleinen Einzelmomente in gedruckter Form weitete sich plötzlich ein Raum aus und das Gesamtbild entstand, ein Bild von der gesamten gemeinsamen Zeit, die wir als Teenager hatten. Und ich konnte mich an ganz neue Bilder erinnern.

Ich hatte Platz im Kopf.

Wenn du Angst hast, etwas loszulassen, probiere
es mit kleineren Schritten und beobachte, was
es mit dir macht. Popcorn schnappen und den
Kinofilm in deinen Gedanken und Erinnerungen
anschauen.
Die Dinge halten uns in einzelnen Ausschnitten
gefangen. Wenn wir Teile fliegen lassen, können
diese Ausschnitte wieder zusammenfinden.
Erinnerst du dich noch, was ich mich fragte, als
Yogesh mich von der Klebe lösen wollte?
Meine Angst, dass ich beim Beobachten das Leben
nicht mehr voll fühlen, auskosten, genießen, lieben und leben kann, war völlig unbegründet.

Ich fühle alles.
Ich fühle mehr und ich erinnere mich stärker.
Hier und jetzt.
Und wenn es vorbei ist, ist es vorbei.
Mehr Popcorn. Weniger Klebe.
So fühlt es sich an.
Dieser Funken Freiheit.
Willst du mehr davon?

„

Alles was du besitzt,
besitzt dich.

"

Perspektiv
Wechsel

jetzt bist du dran

Woran klebst du momentan
besonders fest?

Kann sich etwas in deinem Leben
verändern, lässt du Raum für
Veränderung?

Bist du generell offen, erreichbar,
empfänglich?

Kannst du grundlegende,
minimal-kleine Einstellungsänderungen
vornehmen?

3

Popcorn und das Miteinander

In Indien habe ich mich immer gewundert: Wie kann es das Land des Spirit und der Meditation, des Yogas und der inneren Einkehr sein, wenn es **DOCH SO LAUT IST?!**
Mit den Jahren habe ich verstanden, dass alles, aber auch ALLES meine Reflexion ist.

Was ich sehe, ist das Konzept meiner Gedanken.

Was ich fühle, ist das Bild meiner Ängste oder meines Vertrauenslevels.

„

Was ich sehe ist,
Wie
ich sehe.

“

„Aber Anika, was bedeutet das? Wenn ich eine Katze
sehe, dann sehe ich eine Katze, oder was meinst du?"

Ja genau, du siehst eine Katze. Aber WIE siehst du
sie? Welches Bild entsteht in dir, welche Assoziation und noch weiter: welche Emotion?
Wir sehen die Dinge nicht, wie SIE sind. Wir sehen sie, wie WIR sind.
Und das macht es so spannend. Denn wir bekommen einen erweiterten Blick auf alles, wenn wir
für die Perspektiven der anderen offen sind.
Du musst es nicht genauso sehen, wie der Herr
Nachbar, aber du kannst zumindest seine Perspektive anhören.

Wir haben alle einen eigenen Blick auf die Welt und die Geschehnisse.

Jeder Einzelne von uns. Deswegen sind wir auch
miteinander hier. Wie können wir jemals behaupten, dass das, was der andere sieht, denkt oder
fühlt, Quatsch ist? Wir können uns gegenseitig
erhellen, das Bewusstsein erweitern, indem wir
Perspektiven austauschen. Indem wir uns selbst
oder die Person mit anderer Meinung fragen: Was
bewegt dich dazu, das zu sagen, zu empfinden, so

zu sehen? Versuchen, zu verstehen und neugierig bleiben.

So werden die Gespräche plötzlich interessant und der Blick füreinander. Es entsteht eine Umsichtigkeit, ein wirkliches Interesse füreinander – so kann sich durch Individualität mehr Gemeinschaft entwickeln.

Ich sehe was, was du nicht siehst.

Seit einigen Jahren nenne ich eine kleine indonesische autofreie Insel mit einem Umkreis von 5,3 km mein Zuhause. Hin und wieder fragen Menschen mich: Wird dir nicht langweilig auf so einer kleinen Insel? Wir sind seit 3 Tagen hier und eigentlich mit allem durch. Und ich antworte zu ihrer Verwirrung:
Je länger ich hier bin, desto größer wird diese Insel für mich.
Stille. Stutzen. Erweiterung der Perspektive.

Ich kann es manchmal sehen, was das mit ihnen macht.

„Wie meinst du das?" fragen sie dann.

Und ich schildere: Ich sehe mehr, ich bekomme einen tieferen Blick für die Dinge, die Natur, die Menschen, die mich umgeben. Ähnlich wie der Satz „Je stiller du wirst, umso mehr kannst du hören" sehe ich viel, wenn ich stillstehe.

Dann findet Bewegung im Inneren statt.

Ich sehe den Alltag der Einheimischen hier, ich sehe, wie egal ihnen Geld ist. Und ich sehe, wie die Welt sich verändert. Ich entdecke Verhaltensmuster bei Besuchern und Touristen, ich sehe den Müll, das Bevölkerungswachstum, den Rhythmus der Menschen, ich erfahre viel über andere Religionen und Traditionen und verstehe andere Ansichten und Wahrheiten.

Alles ist da – es ist meine Frequenz, die entscheidet, wer mir hier begegnet. Es ist mein Blick, der entscheidet, was ich heute sehe. Und wie. Denn alles ist immer neutral. Bis wir unser persönliches Konzept darauf stempeln und das, was wir sehen, durch unseren Filter fließen lassen.

Ein Freund sagte einmal zu mir, als ich mein Ladekabel nicht fand: „You look, but you don't see." Du schaust etwas an, blickst um dich, aber du siehst es nicht. Sehen ist verstehen. Sehen ist

Licht. Kennst du das auch? Das ist als würdest du
auf eine Nachricht warten und sie dann im Spam
entdecken. Sie war immer schon da. Du hast sie
nur nicht gesehen. Alles ist immer da, es wird in
einem Moment sichtbar.

Es gibt in Bahasa Indonesia (so wird die indonesi-
sche Sprache genannt) ein Wort, das heißt *Mata-
hati*. Und es bedeutet: mit dem Herzen sehen.
Mata heißt Licht und Hati ist übersetzt das Herz.
Wenn wir mit unserem offenen Herzen in die
Welt hinausblicken, werden bestimmte Ereignisse,
Menschen, Erkenntnisse angestrahlt und dann
sehen wir es.

Deswegen wünschen die Yogis sich einander Licht
und Liebe. Sie sagen, dass das die Wahrheit ist.
Und die Wahrheit kann nur gefühlt werden. Nicht
studiert, nicht gelernt, nicht gelesen, die Wahrheit
kann nur gefühlt werden.

viele Perspektiven – kennst du deine?

Dein individueller Blick in die Welt ist eine Berei-
cherung für andere. So wie du blickt kein anderer
in die Welt. Daher darfst du dich freuen, wenn du
manches anders siehst. Wenn dir andere Dinge
auffallen, du eigene Erkenntnisse ziehst. Es ist
doch ganz logisch, dass ein Ereignis für den einen
ein lustiges, nicht ernstzunehmendes Entertain-

ment ist und für den anderen eine ernsthafte
politische Unterhaltung sein kann.
Wie siehst du das?

Du bist hier, um die Dinge anders zu sehen.

Sei mutig, das anzuerkennen. Das ist dein individueller Beitrag an die Gemeinschaft. Beobachte
deinen Blick in die Welt. Ist er fokussiert oder
peripher? Siehst du Möglichkeiten oder Wahrscheinlichkeiten, siehst du vorauschauend oder im
Rückspiegel die Dinge klar? Alles sind Geschenke
und wir brauchen einander.

Lerne dich kennen.

So kannst du sanft und klar mit dir selbst sein und
gleichzeitig leichter andere Perspektiven akzeptieren. Wenn wir einmal in die Gesellschaft schauen,
mit neutral beobachtendem Blick, erleben wir oft
harten Meinungsabschlag und Diskussionen um
das Recht. Wie kommen wir also individuell in ein
sanfteres Miteinander? Wie können wir uns selbst
so zentrieren und von innen stärken, dass uns
nichts aus dem Außen aus der Bahn wirft?
Allein in einer Höhle sitzen und meditieren, kann

jeder, sage ich immer. Es ist nicht so schwer, sein eigenes Süppchen zu kochen, aber spannend wird es, wenn wir für eine ganze Gemeinschaft kochen und den Anspruch haben, dass es allen schmeckt. Oha! Es allen recht zu machen, kann uns zerreißen: dem Partner, den Eltern, den Kindern, den Lehrern, der Chefin, den Kollegen, der Religion, der Tradition, und so vieles mehr. Wie sollen wir das hinbekommen?

Wie finden wir die Balance zwischen einem gesunden Miteinander und Selbstbestimmtheit? Wie lernen wir, dass es viele Wahrheiten gibt?

Können wir auf sanfte Art nein sagen?

Können wir ein „nein" annehmen ohne es als Ablehnung durch den anderen zu empfinden? Veränderung beginnt immer bei uns selbst. Schauen wir einmal genauer hin. Schnapp dir Popcorn und höre dir selbst einfach mal zu. Beobachte, was dir an dir auffällt. Ich möchte dich erinnern: Höre dir liebevoll zu. Der innere Kritiker ist laut genug.

Lass uns das Thema Kommunikation unter folgenden zwei Aspekten betrachten:

1.) **Wort**
2.) **Tat**

Thema 1:

- Respektiere ich die Zeit des anderen beim Sprechen? Beim Zuhören?
- Rede ich um des Redens Willen oder übermittle ich eine Nachricht?
- Lass ich den anderen aussprechen, gebe ich seiner Perspektive Raum?
- Ist meine Stimme deutlich?
- Welche Worte benutze ich?
- Wie kommuniziere ich?
- Welche Geschichte erzähle ich mir selbst wieder und wieder?

Wenn du Muster erkennst und lernst wie du kommunizierst, wie du klingst, durch deinen Sound und durch deine Vibration, so kannst du bewusster werden – und wirken. Im Miteinander.
Es wird so viel geredet und so wenig gesagt, heißt es so schön.

Wir haben zwei Ohren und einen Mund, verwenden es oft jedoch genau anders herum.

Vor ein paar Jahren habe ich angefangen, mir selbst zuzuhören. Dabei hat mein Podcast mir sehr geholfen und diese Reise mit der Stimme wurde so zu einem mehrjährigen Prozess des

Heilens für mich – Ich habe ein Stimmtraining gemacht. Ich habe begonnen, zu singen. Alles begann mit dem Ursound „OM". Sound, Vibration und Aktivierung.

Vielleicht ist es auch für dich eine gute Übung, täglich zu singen, zu summen oder das „OM" zu praktizieren, um mit dir und deiner Stimme in Kontakt zu kommen.

Thema 2:

Taten haben ebenfalls eine Schwingung. Taten sind Manifestation. Ähnlich wie Worte. Ob die Tat nun dem Wort und das Wort dem Gedanken folgt oder der Gedanke einer Tat, sehe ich als absolut variabel.

Kennst du den Satz „erst denken, dann tun"? Das sehe ich nicht als grundgegeben. Wenn wir mit unserer Intuition verbunden sind, die Intention klar und rein ist, darf der Verstand auch einmal Pause machen, sich zurückziehen. Wie siehst du das? Er ist es schließlich, der uns Menschen die meisten Probleme kreiert hat.

Hand aufs Herz. Stell dir vor, noch viel mehr Menschen würden ihrer Herzensstimme folgen, dieser inneren Führung, der Inspiration, der Mutmacherin, die uns auf einen Weg schickt, ohne dass unser Verstand es verstehen, begründen oder bemessen kann.

Wie würde die Welt aussehen?

Wie viel mehr Leichtigkeit, wie viel mehr Lächeln, Miteinander, wie viel mehr Erfüllung stünde in den Gesichtern der Menschen geschrieben – morgens in der U-Bahn, an der nächsten Fußgängerampel, in den Straßen der Städte? Auch für Taten gilt: Der Verstand möchte messen und so gibt es für uns drei Felder, die dem ganzen eine Vibration verleihen. Das Frequenz der

· Wahrscheinlichkeit
· Möglichkeit
· Träume

a) Es ist wahrscheinlich, dass du dieses Jahr eine Steuererklärung abgeben wirst.
b) Es ist möglich, dass du eine Nachzahlung leisten musst.
c) Stell dir mal vor, du bekommst 10.000 Euro Rückzahlung. Traumhaft!

Wie betrachten wir diese drei Felder?
Dürfen Träume möglich werden?
Und sogar wahrscheinlich?
Wie sehr ist das in deinen Gedanken erlaubt?
Wahrscheinlich schon - oder eher nicht?
Der Gedanke formt. Wie du also über etwas denkst, kann die gesamte Frequenz einer Tat-Sache verändern. Wie siehst du das?

Wie du die Aktion beginnst, wird begleitet von der Art, wie du darüber denkst.

„Das klappt sowieso nicht." ist ein gutes allgemeines Beispiel.

Oder: „Dann habe ich es wenigstens versucht".

Das hat eine ganz andere Frequenz als „Ok – ich mach's jetzt! Könnte ja gut werden!"

Oder sogar: „Ich mach's und das wird genial! Ich weiss es!"

Den Unterschied fühlst du, oder? Sprich es ruhig einmal laut aus. Oft sagen mir Menschen: „Aber Anika, ich versuche es ja, ich gebe mein Bestes!"

Ich entgegne dann: „Nein, du versuchst es nicht. Du TUST es schon. Du bist bereits mitten im Prozess."

Menschen sagen insgeheim „Ich versuche es." oder „Dann habe ich es wenigstens versucht." in der Frequenz von: *Das klappt eh nicht, aber dann hab ich den Beweis. Dann kann ich mir nichts vorwerfen. Und dann habe ich auch einen Grund, da weiterzumachen, wo ich mich auskenne. Aber hey ... ich hab's ja versucht.*

Autsch, oder? Die Erkenntnis kann wieder weh tun. Aber ich puste die Wunde für dich – denn es gibt einen Weg da raus, nachdem du erstmal erkannt hast, dass du vielleicht auch mit der ein oder anderen Sache geschludert hast. Halbherzig nenne ich das gerne. Halbherzig ist, wenn du selbst nicht an die Aktion glaubst. Dein Herz nicht komplett bei der Sache ist.

Wie wäre es, wenn du das Wort „versuchen" in „ausprobieren" änderst? Du hast bestimmt etwas im Kopf, bei dem du das anwenden könntest.

Du kannst auch: „Ich mach das jetzt mal anders." verwenden. Macht das etwas mit dir? Ändert sich die Perspektive? Deine Energie im Bezug auf das Vorhaben?

Wir manifestieren also durch Sprechen und Tun und dem Ganzen unterliegt immer der unbewusste Gedanke.

Kannst du dir Popcorn schnappen und beginnen, diese unbewussten Gedanken in dein Bewusstsein zu holen?

„Aber Anika, wie soll das denn im Alltag gehen, diese Gewohnheiten und Gedanken sitzen so tief, bis ich die aufgespürt habe, ist doch der Moment vorbei ... ?"

Genau da liegt die Kunst. Sich diesen kleinen Moment zu schnappen, statt die Gedanken vorbeiziehen zu lassen.

Wir können nicht das Buch von hinten lesen und dieselbe Spannungskurve der Geschichte erwarten.

Wir können nicht zuerst das Ende des Films anschauen und dasselbe Level von Unterhaltung erwarten.

Es macht etwas mit uns, wenn wir vertrauen, die Unwissenheit der Entwicklung annehmen und Schritt für Schritt vorgehen. Wenn du deine Story umschreiben und dein Leben noch leichtfüßiger leben möchtest, beginne bei dem Beobachten deiner Gedanken.

Das ist alles?

JA!

„Und wie soll das dann mit dem Manifestieren gehen, wenn ich nur noch meine Gedanken beobachte? Ich soll mir doch ein Ziel vorstellen und fühlen, was ich möchte, damit es dann auch kommt.

Darf ich dann überhaupt noch ein Ziel haben, Anika? Das hilft mir nämlich. Es gibt mir Schwung, Motivation, es bewegt mich."

Oh ja, du darfst natürlich ein Ziel haben. Du darfst mit deinen Gedanken manifestieren. Ergänz das einfach darum, dich an das zu erinnern, was du über die Anhaftungen gelesen hast:

Was, wenn das Ziel sich verändert? Was, wenn das Ziel nicht erreicht wird? Wie verbissen bist du dann?

Wie weich bist du mit deinem Ziel?

Das Memo zum Thema Klebe hilft dir nochmal weiter. Es ist ein guter Zeitpunkt, es nochmal zu lesen.

Und wenn du bereit für weitere Fragen und Reflexionen zu deinem Blick in die Welt, zu deinem Beitrag für ein friedliches Miteinander bist, dann findest du hier Inspirationsfragen:

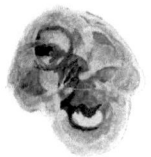

Perspektiv
Wechsel

jetzt bist du dran

Kennst du deinen Filter,
durch den du die Welt siehst?

Kannst du andere, dir fremde
Perspektiven und Wahrheiten
akzeptieren?

Wann hat sich dir das letzte Mal etwas
gezeigt, was immer schon da war, du
aber lange nicht sehen konntest?

Was ist für dich jetzt und hier
wahrscheinlich, möglich oder noch
traumhaft weit weg?

4

Popcorn
und das

MANI
♥
FESTIEREN

So oft höre ich die Frage: Warum bin ich hier? Was ist meine Aufgabe? Was ergibt mein Leben für einen Sinn?

Um diesen Druck der Unwissenheit aushalten zu können, erschaffen wir uns dann eine Struktur. Such dir ein Ziel, heisst es. Dein Leben muss doch einen Sinn haben. Was ist dein Wunsch?

„ Lebe dein bestes Leben, sagen sie.
Ich sage jedoch viel lieber:
Lebe dein Leben.
Das ist sowieso das beste
Leben für dich. "

Du musst nichts tun, damit es dein bestes Leben wird, ausser den Druck los zu lassen, es dein Bestes werden lassen zu wollen.

Zu kompliziert? Lass es uns vereinfachen.
„Aber Anika, wie kann ich die Vorstellung loslassen,
wie mein bestes Leben aussehen soll?"

Ich erzähle dir eine Geschichte:
2018, Goa, Indien
Ich habe Yogastunden gegeben und war oft auch bei den Kolleginnen als Schülerin dabei. So kam es, dass ich an meiner ersten Yoga Nidra Stunde teilnahm.
Im Yoga Nidra entspannen wir den Körper bis in das kleinste Detail, das hilft, den Geist zu beruhigen und das Herz zu öffnen. Yoga Nidra wird auch Yoga des Schlafenden genannt.

Als ich 2018 also in Indien auf einem der flachen Dächern unter wehenden Tüchern und bei einer Meeresbrise auf meiner Yogamatte lag, war mein Körper bis in die Zehenspitzen entspannt. Die Yogalehrerin sagte: „Und nun, verbinde dich mit deinem Herzen und spüre deinen innersten Wunsch. Das ist dein San Kalpa. Ein Wunsch, eine

Verbundenheit mit dir selbst so tief, dass du sie nur spüren kannst, wenn du völlig entspannt bist."
Es ist dein Vertrag mit dem Universum.
Und ich spürte es. Damals wusste ich nicht, dass es DIE Botschaft ist. Ich hatte einfach ein Gefühl von Wahrheit. Tränen liefen mir über die Wangen als ich fühlte, in jeder Zelle fühlte:
„Ich möchte Menschen inspirieren."
Das.
Und ja, das war alles.

Ich habe den Satz damals gar nicht als DIE BOT-SCHAFT wahrgenommen.
Ich dachte: naja, das macht ja jeder. Mir fehlte das Konkrete. Das ist die Sache:

Erst wenn wir bereit sind,
können wir sehen und verstehen.

Dieses „Alles" wurde erst viel später sichtbar. Es ist oft nicht so, dass du da liegst und klar und deutlich deine innere Stimme sprechen hörst. Erwarte nicht zu viel von dem Experiment, falls du es einmal ausprobierst. Ich habe dir dazu eine Yoga Nidra Reise aufgesprochen. Du findest diese am Ende des Buches.

Dein Herzenswunsch kann sich bei dir ganz anders ausdrücken und zeigen.

Es ist bei mir zum Beispiel eher wie ein inneres Wissen, was plötzlich da ist – und auch nicht mehr verschwindet. Im Gegenteil, über die letzten Jahre wurde es immer klarer, deutlicher und lauter.

Ich fragte mich damals selbst: Anika, Inspiration ist ein großes Feld. Wie möchtest du genau inspirieren? Wie möchtest du Menschen erreichen? Was ist deine Brücke? Dein Werkzeug? Womit willst du arbeiten, dich beschäftigen?

Und tief in meinem Herzen wurde die Antwort sichtbar: ich bin es. Nur ich.

Damit konnte ich damals nicht viel anfangen, aber ich trug diese Sehnsucht, dieses Wissen immer in meinem Herzen. Fast zehn Jahre ist das her. Und heute – heute weiß ich es genau:

Ich muss nicht wissen wie.

Das wird mir das Leben zeigen.

Dann kann ich es sehen, beobachten, wie es sich entfaltet und anfühlt. Dann fühlt es sich im Rückblick auch nach einem Traum an. Du fragst dich wie du es machen sollst, bis du dich fragst, wie du es gemacht hast. Stimmt's?

„

Ich wusste nicht,
dass es mein Traum ist,
bis es meine Realität
wurde.

"

Und aus dieser verkörperten Situation passieren
alle guten Dinge. Die korrekten Menschen kommen, alles entfaltet sich, es gibt einfach so wenig
Widerstand.
Ach, einfach, ja? Naja ... ein bisschen anstrengend
war es schon manchmal. So, als würdest du mit
dem Schlitten Anlauf nehmen, dich auf ihn werfen
und dann die Fahrt bergab genießen.
Flow.

Klar ruckelt es manchmal, aber die Hügel kannst du gut nehmen. Was wäre also, wenn du verstehst, dass du keine Kontrolle hast?

Weisst du noch: Das Thema der Klebe.

Klebst du an Kontrolle fest?

Was also, wenn du die Kontrolle über den Weg deines Lebens loslassen kannst? Diese Vorstellung von dir unter der Palme auf Kho Samui, nicht mehr arbeiten zu müssen, mit Mann und zwei Kindern im Haus am See, als Reiseblogger durch die Welt zu reisen, wie es uns so oft vorgeschlagen wird als Schlüssel zum Glück. Als dein BESTES Leben.
Hand aufs Herz: Du hast KEINE AHNUNG, was dieses Leben für dich bereit hält. Versuche, die tiefe Stimme deines Herzens zu hören. Auch wenn die Stimmen der anderen oft sehr laut sind. Beruhige deinen Kopf, der wissen will, wie das gehen soll.
Weißt du noch: Gib ihm ein Kreuzworträtsel, lass ihn das Flugticket buchen oder schönes Papier kaufen für einen Herzensbrief, den du dir schreibst.

Wie sehr darfst du dich überraschen lassen? Wie sehr darfst du dem Leben das Steuer übergeben für die Details, den Weg?

„

Es ist nicht deine Aufgabe,
die Fragen über deinen Weg
zu beantworten.
Oder Antworten zu suchen.
Es ist deine Aufgabe,
dein Herz zu öffnen, so dass diese
Fragen verschwinden können.

"

„Oh yes. Leben, überrasch mich! I am ready!", sagst du.

Ach ja ... Und was ist, wenn du aufgrund von Streckenarbeiten, einen Zug und damit dein Flugzeug verpasst? Was ist, wenn du auf der Rolltreppe umknickst? Was ist, wenn du siehst, wie dein Partner jemand anderen küsst? Was ist, wenn ein Herzenswesen plötzlich stirbt?

Was ist, wenn du beklaut wirst? Deinen Lieblingspulli in der Bahn vergisst und er weg ist? Ist dann jemand Schuld?

Suchst du nach Erklärung, Begründung, Schuldigen? Zweifelst du sogar?

Wie sehr kannst du akzeptieren, dass das eine Führung deines Lebens, deiner Schwingung ist? Einfach ein weiterer Schritt ...

Lektion und Level-up, sage ich. Und frage mich dann:

Wenn das Leben für mich passiert, was kann ich dann jetzt daraus lernen?

Oft ist es: Akzeptanz. Ich höre immer wieder „Naja, für irgendetwas ist es sicher gut, there is a reason behind everything."

Was, wenn nicht? Wenn es keinen Grund gibt?

Was, wenn der Grund pures Hinnehmen und Hingeben ist?

Meine Mama sagte oft: „Du musst auch nicht immer alles zerdenken und begründen. Manchmal heißt es einfach, es ist was es ist."

Zurück zum Manifestieren.
Als mein indischer Lehrer und spiritueller Freund Yogesh mich einmal an Silvester fragte, was ich dieses Mal ins Meer werfen möchte, antwortete ich ohne zu zögern: „Alle meine Wünsche."
„BRAVO! Applaus, Applaus. FREE FROM DESIRE. Das ist eine gute Ausgangslage für das neue Jahr", antwortete er.
Wenn ich keine Wünsche habe, kann ich mich über all die Überraschungen des Lebens freuen und könnte nicht mehr enttäuscht werden, weil ich keine Erwartungen mehr habe. Wünsche sind nämlich oft auch Erwartungen. Wir wünschen uns etwas, das möglichst in Erfüllung gehen sollte. Für viele liegt Wünschen und Manifestieren ganz nah zusammen.

„Aber Anika, wenn ich kein Ziel habe, worauf soll ich dann hinarbeiten, wie soll ich mir mein Leben vorstellen? Es heißt doch immer, wir sollen uns etwas ganz detailliert vorstellen, dann manifestiert es sich!"

Du manifestierst die ganze Zeit. Ich auch. Wir haben einen magnetischen Monopol in uns, der für die Kraft der Anziehung zuständig ist. Und wie der Name schon sagt, zieht er an.

Heute zieh ich mir etwas Schönes an!.

Das kannst du dir gerne in Großbuchstaben auf deine Popcorntüte schreiben. Oder an deinen Kleiderschrank pinnen und dich jeden Tag dahingehend ausrichten.

Wir manifestieren durch unser pures Sein. Wir manifestieren durch unsere Aura.

Unsere Aufgabe ist es also nicht, uns das Traumhaus mit drei Autos und der Kieseinfahrt vorzustellen, sondern uns darum zu kümmern, dass unsere Vibration, unsere Frequenz, unser Energielevel – wie immer du es nennen magst – auf der höchstmöglichen Welle ist.

Das bestimmt nämlich den Empfang.

Wie beim Radio, wenn du die Frequenz für die Sendewellen einstellst. Je nach Position, Klarheit, und mit so wenig Blockaden wie möglich, empfängst du die klare Musik und hast sogar noch die Auswahl.

Im Gotthard Tunnel in der Schweiz gibt es oft nur einen Sender oder Rauschen. Solche Strecken

existieren auch. Da suchst du dich bekloppt.
Dann lieber Radio aus. Pause. Denn du wirst keine
Klarheit auf dieser Teilstrecke empfangen.

„Aber Anika, wie soll ich denn den Sender einstellen?"

Das macht das Leben.
Und zwar in Resonanz zu dem, was du aussendest.
WIE wünscht du dir etwas? Stellst du dir Geld
oder ein Haus oder einen Welpen oder einen Part-
ner vor? Wünschst du dir dergleichen, bedeutet es
auch, dass es dir in diesem Moment fehlt. Richtig?
Und schon bist du im Mangel.
Aus der Frequenz heraus ist dein Sender nicht auf
Fülle eingestellt. Denn du ziehst an, was du aus-
sendest. Das bedeutet: Du ziehst Mangel an.
Du gehst vor, die Existenz, das Leben selbst ant-
wortet dir. Resonanzgesetz, weisst du noch?
Versuch es einmal anders: Schwinge dich in die
Frequenz von HAPPY.
Vielleicht kommst du über Bewegung wie Tanzen
oder Yoga oder über das pure Gefühl von DANK-
BARKEIT dorthin.

Mir fehlt es an nichts, denn ich habe ja ... xyz.
Kannst du das sehen? Kannst du das fühlen? Vielleicht fühlst du die Vibration. Hoffentlich! Denn
der Verstand in seinem schwarzen Ledersessel
kann deine Wünsche noch so sehr bestellen, wenn

du auf die Frequenz Mangel eingestellt bist, wird bei dir nichts ankommen.

Ich wusste nicht, dass es mein Traum war, bis es Realität wurde – weißt du noch?

Ich habe mich von allen Wünschen befreit und bin stattdessen komplett in die Frequenz von Dankbarkeit gegangen.

Dann konnte ich immer mehr sehen. Mehr Schönheit. Leichtigkeit. Mehr von der Frequenz dessen, was wir uns doch alle „wünschen".

Je mehr Popcorn ich snackte, desto eher erkannte ich die Schönheit in den Farben von Indien, wie das Licht an der Hauswand reflektierte, statt den Müll am Straßenrand, den treuen Blick der Kuh statt den Kuhmist auf dem Weg, das Angebot Dinge zu kaufen, statt Menschen, die einem etwas andrehen wollen, das Bemühen des Kellners, statt den Zwiebelgeschmack im Orangensaft, weil mit dem selben Messer zuvor Gemüse geschnitten worden war ...

Fakt ist: Ich konnte dann immer mehr die Schönheit SEHEN. Und fühlen. Das macht den Unterschied.

Was mich in dem Prozess sehr unterstützt hat, ist einer meiner Lieblingsgedanken im Alltag:

„

jeder gibt sein Bestes

"

Und wenn jeder sein Bestes gibt, gibt es für mich keinen Grund mehr für Ungeduld, Kopfschütteln und Unverständnis, weil ich SEHE, dass es eben das BESTE ist, wozu dieser Mensch jetzt und hier fähig ist.
Und da ja alles FÜR mich passiert, ist es auch korrekt für mich gerade in diesem Moment.

Der Satz „Jeder gibt sein Bestes" hat eine Kollegin und mich einmal durch eine mehrwöchige Veranstaltung in China getragen. Wir mussten 30 Hostessen betreuen. Die Arbeitsweise in China unterscheidet sich sehr von der deutschen. Sie ist weniger auf Mitdenken und proaktivem Handeln ausgelegt. Anfangs rollten wir mit den

Augen, wurden ungeduldig, konnten die unterschiedliche Mentalität nicht verstehen. Dann begannen wir, uns gegenseitig daran zu erinnern „Jeder gibt sein Bestes".

Diesen Satz haben wir mehrmals am Tag wiederholt, bis er sich in uns tief verankert hatte. Ich werde es nie wieder vergessen. Und kannst du dir denken, was passierte?

Leichtigkeit und Frieden kamen in den ganzen Ablauf. Die Zusammenarbeit mit den Hostessen wurde einfacher, wir lachten zusammen. Unsere Energie änderte sich. Damit auch die Frequenz und unser Radio empfing plötzlich fröhliche Musik.

Dadurch wurden andere fröhliche Menschen in unser Büro gelockt und alle haben etwas vom Popcorn genascht.

Wie gesagt, unser Verstand ist so klug, dass wir eben die absoluten High Performance Tricks anwenden müssen. Da führt kein Weg dran vorbei. Und High Performance steckt einfach oft in der Kunst der Einfachheit.

Deine Aufgabe ist es, deine Frequenz so hoch wie möglich zu halten. Deinem Verstand bewusst Aufgaben zu geben, statt ihn übernehmen zu lassen. Dankbarkeit zu fühlen. Die Schönheit zu sehen. Zu wissen, alle geben ihr Bestes.

Das ist für mich die Kunst
des Manifestierens.

Gar nicht denken zu müssen,

sondern anzuziehen.

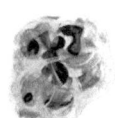

Nichts zu wünschen und

alles zu bekommen.

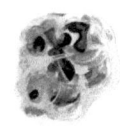

Hier findest du das Audio zum
Yoga Nidra

Perspektiv
Wechsel

jetzt bist du dran

*An welcher Wunschvorstellung
hältst du fest?*

*Kennst du dein San Kalpa
(Herzenswunsch/Berufung)?*

*Kannst du deinen Widerstand
erkennen?*

Kannst du offen für den Weg sein?

5

Popcorn

und die

Angst

Ich hatte stets intensive Angst vor dem Blutabnehmen. Was immer dahintersteckt: keine Ahnung. Tut ja nicht besonders weh, passiert ja eigentlich nichts Schlimmes. Aber dieser Gurt, das Abbinden, die beruhigenden Worte der Arzthelferinnen – bei mir brauchte es immer mehr Personal –, das alles finde ich bis heute gruselig.

Der Behandlungsstuhl beim Arzt – in Indien ist es ein großer Holzstuhl mit extrabreiten Armlehnen – erinnert mich an eine Folterszene. Ehrlich. Du magst grinsen, aber für mich ist Blutabnehmen intensiv. Verbunden mit der Angst, die Kontrolle zu verlieren, Hilflosigkeit. Schon darüber zu schreiben, verursacht bei mir Druck in der Kehle.

Nun können wir Traumata auflösen, in der Vergangenheit wühlen und forschen, wo die Angst herkommt. Auch das habe ich alles gemacht. Kinesiologie, Sound, Deep Chakra Sessions, ver-

gangene Leben, Atemtechniken, Energie Sessions,
Sound Healing Reisen, das Thema Kontrolle,
Verlust des Urvertrauens in der Kindheit und und
und .... alles angeschaut, durchgefühlt und ja, es
war sicher ein Beitrag im Heilungsprozess.
Was mir aber den alles entscheidenden Einblick
gegeben hat, was mir wirklich die Augen geöffnet
hat war ...
POPCORN!

> *„Anika ... wie das denn wieder? Wie kann Popcorn*
> *denn helfen, der Angst ins Auge zu sehen?"*

Ich erzähle dir eine Geschichte.
Es ist nicht lange her, dass ich in Indien einen
Bluttest machen wollte. Mein spiritueller Freund
Yogesh hatte mir freudestrahlend von seiner posi-
tiven Auswertung erzählt. DAS wollte ich auch.
Und ich dachte, wenn er das schafft, bekomme ich
es auch hin. Gedacht, gemacht.
Und hier kommt der GAMECHANGER:
Ich habe mir Popcorn in meine Tasche gepackt
und mir immer wieder gesagt: Ich sitze im Publi-
kum. Ich bin nicht mein Körper.
Ich bringe ihn zum TÜV.
Was getan werden muss, wird getan.
Es passiert nicht mir, sondern es sind Maßnahmen
FÜR diesen Körper.
Ich dachte nicht einmal mehr „meinen" Körper –

sondern noch einen Schritt weiter:
für diesen Körper.

Natürlich waren meine Zellen allesamt überrascht, denn sie waren bereits eingestellt auf
Panik, Krampf, zumachen, blockieren, Widerstand.
Jetzt gab mein Verstand meinem Körper aber kein
Signal für den Widerstand. Mein Verstand hat sich
mit den Gedanken verbunden und angefreundet,
dass wir diesen Körper zum TÜV bringen. Er war
somit absolut ruhig. Ebenso das Nervensystem,
denn es hat kein Signal bekommen.

Zwei Tränen liefen mir friedvoll über meine
Wangen, als die zwei Inderinnen liebevoll einen
„Öl-Check" an meinem „Fahrzeug" durchführten.
Einen Bluttest an meinem Körper, meine ich natürlich. Keine Tränen der Panik oder Angst. Es war
eher Dankbarkeit, dass man sich um den Körper
kümmerte.

Danach dann Tränen der Erleichterung, der Wahrheit, der Verwirrung, der Erkenntnis.

Das kann Popcorn.

Dein Leben in allen erdenklichen

Situationen erleichtern.

Verschönern. Angst auflösen.

Dazu musst du nicht mal auswandern, den Himalaya durchqueren oder dir die Haare abrasieren.
Du stellst einfach deinen Empfänger anders ein.
Du schaust in DEINEM Alltag, was einen Perspektivenwechsel vertragen kann. Was kannst du mit anderen Augen, in einem anderen Licht, ohne Identifikation anschauen?
Du kannst dir vielleicht meine Freude, meine Vibration, meine Frequenz vorstellen, als ich aus der Arztpraxis raus bin. Alle Werte waren TOP – außer der des Vitamin D. Dann eben noch mehr Sonne. Dieses Mal auch von INNEN!

Eine meiner Schmetterlinge, so nenne ich meine Kunden, kam für einen Perspektivenwechsel zu mir – und um ihren Platz in der Gruppendynamik einer Online-Coaching-Gruppe zu finden.

> *„Aber Anika, ich kann doch nicht nichts sagen. Ich muss mich doch verteidigen und ich fühle dann so eine Wut und Frust!"*

Nachdem sie in einer einstündigen Session mit mir meine praktische Popcorn-Theorie kennengelernt hatte, meldete sie sich ein paar Tage später bei mir. Sie erzählte voller Begeisterung, wie sie sich Popcorn gemacht und die Schale während eines Online-Meetings vor sich positioniert hatte. Immer wenn es brenzlig für sie wurde, nahm sie ein Popcorn und knusperte daran herum.

Brenzlig meint: Dass der Druck vom Verstand so groß wurde, dazwischen zu funken. Es kann auch ein Atemzug helfen. Das ändert die Situation.

Mein Schmetterling hat jedes Mal ein Stück Popcorn in den Mund geschoben.

Mund voll.

Mit vollem Mund spricht man nicht.

Und hat so den Verstand abgelenkt.

Diese kurze Zeit der Ablenkung und Pause hat Bewusstsein kreiert und im nächsten Moment war auch schon alles nicht mehr so wichtig.

Sie konnte sich also durch das Popcorn auf das besinnen, was gerade wirklich zählt.

Sie konnte sich in der gewonnen Zeit fragen:

Was hat das mit mir zu tun?

Oder:

Muss ich jetzt wirklich reagieren?

Sie konnte viel leichter in der Rolle der Beobachterin bleiben, weil sie sich einen Anker erschaffen hatte.

Mehr Popcorn, bitte!

Stell dir einmal vor, wie sich dein Leben dir zeigen wird, wenn du mit einer leichteren Schwingung durch deine Geschichte reist.

Stellt dir einmal vor, dass du gar nicht mehr das Bedürfnis hast, das Ende des Films kennen zu müssen, denn du genießt es einfach, diesen Film anzuschauen.

Stell dir vor, du kannst lernen und sehen, dass ALLES im Leben FÜR dich passiert, anstatt dich zu fragen „Warum passiert mir das nur?".

Stell dir vor, deine Angst verwandelt sich in Vertrauen, denn so wurden wir geboren. In der Ursprungsform der unschuldigen Liebe und im Vertrauen zu allem. Zu unserem Körper, anderen Menschen, und dass wir wieder aufstehen, wenn wir fallen.

Wenn alles FÜR dich passiert, so auch das Gefühl der Angst. Es kann wie ein Warnsignal, ein Wegweiser, eine Intuition sein.

„

Es ist nicht die Angst,
die dich blockiert.

Es ist die Angst vor der Angst.

"

Dieses andauernde Erinnern hat mich auch bei einer indischen Zahnärztin gerettet.

„Anika, ich trau mich nicht einmal nach Indien zu fahren und du gehst dort zum ZAHNARZT?"

Yes. Zahnreinigung. Dabei werden gerne die elektrischen Ultrapolierer benutzt – für Zahnstein zum Beispiel. Auf einem Zahn gab es noch etwas Klebe von einer vorausgegangen Kiefer-Behandlung. Ja, Klebe tatsächlich.

„Komm um 19 Uhr, das ist eine Routinesache, dauert nur ein paar Minuten", sagte sie.

Da lag ich also auf dem Zahnarztstuhl in meiner weißen Jeans, auf dem Schoß den Beutel mit meinen Tanzschuhen. Denn im Anschluss wollte ich direkt zum Salsatanzen fahren – mit dem Roller. Dazu kam es nicht. Die Assistenz ist mit dem Ultrapolierer abgerutscht und hat dabei mein Zungenbändchen (unter der Zunge) durchtrennt. Den Schmerz habe ich erst gar nicht so gespürt, es blutete einfach sehr stark – und die weiße Jeans kannst du dir vorstellen.

Ich stopfte mir also das kleine Handtuch direkt auf die Wunde und stimmte dann der fachlichen Einschätzung zu, die Wunde nähen zu lassen. Den zweiten Stich ließ ich allerdings schon nicht mehr zu. Denn der erste hatte nicht gut geklappt.

Die Essenz der Situation:
Ich bin sehr ruhig geblieben, was ich von mir
nicht kenne. Ich konnte mich gut beobachten. Ich
konnte ganz ruhig sagen, dass ich kein Vertrauen
mehr habe.

Trotz allem ging ich dankbar ins Bett. Denn ich
weiss einfach mittlerweile, dass das Leben für
mich geschieht. Vielleicht hat dieses Ereignis mir
das Leben gerettet oder ähnliches, da ich in der
Nacht nicht mehr mit dem Roller zum Tanzen
fahren konnte.

Klar, muss nicht sein, hätte auch der beste Tanz-
abend meines Lebens werden können, aber in
dem Moment kreiere ich mir meine Realität, und
meine Frequenz ist höher in der Dankbarkeit als
in Fomo (Fear Of Missing Out, die Angst etwas zu
verpassen).

Ein paar Tage später bin ich zu ihr hin, um sie zu
umarmen und zu sagen, dass alles in Ordnung ist.
Jeder gibt sein Bestes, weißt du noch?

Als ich Yogesh davon erzählte, lachte er und sagte:
„Wie bitte? They cut your tongue?" Er fragte, ob
ich das Khechari Mudra kenne. Im Gaumen und
Zungenbereich sind unglaublich viele Reflexionspunkte. Er erzählte mir, dass sich die fortgeschrit-
tenen Yogis in den Himalaya Bergen das Zungenbändchen durchtrennen. Durch den Raum, der
entsteht, erreicht die Zunge Reflexionspunkte, die

im neurologischen Bereich einen Zustand von absoluter unendlicher Glückseligkeit hervorrufen. Er
fügte lachend hinzu: „Und du gehst einfach zum
Zahnarzt und es wird erledigt".

*Wir wissen oft erst später und manchmal
verstehen wir es auch niemals,
warum das ganze für uns passiert.*

Aber das tut es.
Vertraue.
Das ist die Poesie des Lebens, von der du dich verzaubern lassen kannst.
Und je tiefer du dich hier mit deinem Urvertrauen
und einem unerschütterlichen Glauben damit verbinden kannst, umso angstfreier wirst du durch
dein Leben reisen.
Denn wenn du keine Angst vorm Sterben hast,
dann hast du auch keine Angst vorm Leben. Und
schon gar nicht vor DEINEM Leben.
Dein ganzes System entspannt sich.
Alles wird leichter.

„ Leicht wie Popcorn.

Lass dich von der Poesie des Lebens verzaubern.

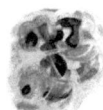

Perspektiv Wechsel

jetzt bist du dran

Fühlst du jetzt und hier Angst?
Was für eine Angst ist das?

Wie kannst du dich selbst besser halten?

Kannst du spüren, dass du jetzt und
hier sicher bist?

Wo kannst du dir aktuell kleinere
Schritte erlauben, damit du dich nicht
überfordert fühlst?

6

Popcorn und der Flow

Der Ausdruck „Flow" ist in aller Munde. Und
wenn du schon einmal im Flow warst, kannst du
auch nachfühlen, warum es so ein wünschenswer-
ter Zustand ist. Wie können wir also mehr in den
Flow kommen? Wie kann dein Alltag ein Flow, ein
Fließen sein?

*In meinen Augen ist Flow
das Gegenteil von Widerstand.*

Stelle dir einen Fluss vor. Sobald ein Widerstand
da ist, zum Beispiel ein Stein, passt sich das
Wasser an und bahnt sich ganz natürlich einen
Weg. Das Wasser diskutiert nicht mit dem Stein.
Es baut sich auch nicht mit verschränkten Armen
vor diesem auf. Ignorieren kann das Wasser den

Stein aber nicht. Betrachten wir dieses Bild einmal in unserem Alltag.

Du bist rechtzeitig durch den Feierabendverkehr beim Yogastudio angekommen. Ein freier Parkplatz ist in Sicht. Und während du diesen ansteuerst, wird er dir weggeschnappt. Zack. Flow unterbrochen.

Was würde der Fluss, das Wasser tun?

Schnapp dir Popcorn. Beobachte deine Reaktion. Lerne von DIR! Jetzt.

Das einzige, was du kontrollieren kannst, ist deine Reaktion. Gib die Kontrolle über die Situation ab. Achte auf das Geschehen. Statt in der alten Situation zu kleben, halte Ausschau nach Veränderung. Wo wird ein Parkplatz frei für dich? Leicht. Ohne Druck.

So kommst du zurück in deinen Flow.

Nicht nur das: Damit fängt es an, aber kannst du dir auch vorstellen, wie es ist, DER FLOW ZU SEIN?

> „Och, Anika, das klingt jetzt aber kompliziert.“

Next Level!

Ok, Schritt für Schritt.

Wie kommst du dahin, nicht mehr zu sagen „Ich bin im Flow“ oder „Ich wünsche dir einen schö-

nen Flow", sondern wirklich DER FLOW ZU
SEIN? Was passiert dabei?
Du bist eins mit allem.
Es gibt keine Trennung mehr zwischen dir und
einem Ziel, einem Wunsch, einem Menschen,
einem Ort, einem Zeitpunkt.
Alles löst sich auf zu dem einen Moment.
Hier und jetzt.
Und der kann ewig dauern.
Oder dauert die Ewigkeit einen Moment?

"

Dauert der Moment
ewig oder ist die Ewigkeit
einen Moment lang?

"

Du bist eine Einheit mit einem Swooosh!
Wenn das Leben dich packt – und zwar DEINS.
Ganz egal, ob es schon leicht ist oder dich noch
herausfordert.
Ich erzähle dir gleich eine tiefgehende, sehr persönliche Geschichte dazu.

*„Aber Anika, ich soll doch an den Herausforderungen
wachsen. Im Flow, ohne Herausforderung, habe ich
gar keine Gelegenheit mehr zu wachsen. Dann kann
es doch auch langweilig werden. Wo bleibt die Aufregung, das Risikospiel, der Antrieb, der Kampfgeist und
der Triumph, wenn ich etwas geschafft und gewonnen
habe, wofür ich hart gekämpft habe – wo hat das alles
seinen Platz?"*

Freunde der Sonne: Kämpfen tue ich auch. Habe
ich immer schon, gegen alles und für alles.

Zum Beispiel:
- Ungerechtigkeit (nach meiner Ansicht),
- Krankheit (nach meiner Ansicht),
- falsche Entscheidungen des anderen (nach
  meiner Ansicht),
- die Kontrolle zu verlieren (nach meiner
  Ansicht),
- gegen einen Vorschlag vom Leben, der mir so
  gar nicht in den Kram passte (meiner Ansicht
  nach).

Mittlerweile habe ich die Ansicht auf all das oben genannte geändert.
Geöffnet.
Ich kämpfe immer noch hier und da.

Aber durch den Perspektivenwechsel auf die Dinge um mich, das Leben selbst, habe ich zwei vermeintliche Gegner „aufgegeben" und lasse sie in Ruhe:

Mich selbst und mein Leben.

Ich kämpfe nicht mehr gegen mich.

Ich wehre mich nicht mehr.
Das bedeutet nicht, dass das Leben nicht anstrengend sein kann, dass es keine Herausforderungen geben kann, dass ich nicht immer und jeden Tag an den Erlebnissen wachsen kann, weil ich etwas schaffe, das ich vorher noch nie gemacht oder geschafft habe.

Aber es ist eine friedliche Kriegerin, die nun dort steht und kämpft.

Die Ausgangslage hat sich verändert.
Wenn ich kämpfe, dann mittlerweile nicht mehr gegen – sondern für etwas.
Für dich zählt vielleicht etwas ganz Anderes als für

mich, vielleicht bist du für den Kampf gegen etwas ausgestattet, dann wird es aber dennoch für dich sein. Die Intention dahinter zählt immer.

Was hat das denn nun mit Geduld und Flow zu tun?

Ein Fließen ist dann wunderschön, wenn du bereit und damit befähigt bist, das Boot durch die Strömung des Lebens selbst zu navigieren. Dann darf der Fluss auch groß und schnell und laut und reißend sein.

Die perfekte Welle. Etwas reißt dich mit. Doch wenn du darauf nicht vorbereitet bist und nicht weißt, wie du die Welle surfst, das Boot, deinen Körper, dich selbst navigierst, wenn's windig und sonnig und heiß und kalt wird, wie du dich im Wind verhältst mit deinem Segel, dann kann es dich umreißen, verletzen und alles beenden.

Daher ist das TIMING essenziell für alles. Für dich. Und wir kennen alle diese Ungeduld, diese Stimme, die sagt:

Ich habe alle Kurse gemacht, meine Schatten angesehen, Atemtechniken studiert, lege jeden Morgen meine Karten und singe mein Mantra für die Welt. Meine Botschaft ist gut, meine Nachricht muss raus, wann geht es los – ich bin bereit.

„

*Flow und Kontrolle –
No Way!
Flow und Geduld –
my Way!*

“

Ich möchte jetzt endlich heilen, wachsen, frei sein, leben.

Aber es passiert nichts.

„*NICHTS, Anika!*"

Wirklich nicht?
Was siehst du?

Es passiert immer etwas.

Die Sache ist die:

Du entscheidest nicht, wann es soweit ist.

Wann endlich auch endlich ist.
Was ist, wenn endlich wirklich das Ende ist?
Dann wäre der Spaß vorbei.

„*Ja Anika, ich weiß ... du sagst, es gibt kein Ziel. Es gibt nur den Weg. Aber das ist soooo schwierig auszuhalten, wenn ich nicht weiß, wohin es gehen wird.*"

Ich sage: Lass dich nicht stressen. Genieß die
Fahrt auf dem Fluss.
Denn wenn du am Ufer ankommst, ist sie vorbei.

Diese Erkenntnis kann dir viel Entspannung bringen und Druck nehmen.

Denn Flow   ist das Gegenteil   von Druck.

Lasst uns uns wieder mit der Natur verbinden! Wenn du dir die Natur anschaust, bekommst du nicht alle Antworten erzählt, aber die Fragen werden weniger.

Wenn du dir die Blume anschaust, siehst du eine Blüte, und eine 1 Stunde später sieht sie schon anders aus. Das kannst du aber nur im Zeitraffer nachvollziehen – so staunen wir auch immer wieder über unsere Kinder, die unmerklich wachsen und plötzlich so groß sind. Während wir selbst nicht einen Tag gealtert sind. Denn wir sehen uns selten bewusst an. Wir erkennen die eigene Veränderung nicht. Oder wollen sie nicht anerkennen.

Ganz erschrocken stellen wir dann manchmal fest, dass das Leben passiert, wenn wir gerade nicht hinsehen, wenn wir uns dessen nicht bewusst sind. Wenn wir uns mit Menschsein beschäftigen, wenn wir nicht Flow sind, sondern „im Flow sein wollen". In dem Moment stehen wir neben dem Fluss.

„

Du kannst nicht
gleichzeitig im Flow sein wollen
und der Flow selbst sein.

"

Doch dein Leben, dein Flow, ist wie eine Pflanze,
die stetig wächst, auch wenn du es nicht siehst.
Sie tut es einfach.
Es passiert niemals nichts, selbst wenn du denkst,
dass sich nichts bewegt.
Die Reise, der Mann, das Haus, alles darf kommen.

Ich verrate dir etwas: Es ist alles schon da.
Und sobald du das so erkennst, kannst du es auch
sehen.

„Anikaaaaa... was soll das heissen?!"

Es wird sichtbar.
Es wird hell und leuchtet, so dass du es sehen
kannst.
Spot on!

In Meditationen erfahren Menschen so etwas zum
Beispiel.
Dieses pure Gefühl von Einheit.

Ich habe das einmal in meinem Leben SEHR, sehr
deutlich sehen können.

Mein Kind hat es mir in Indien gezeigt.

„Anika, du hast ein Kind?"

Ja – ich habe es in Indien geboren und dann gepflanzt.
Es ist da.
Es war physisch nur sehr kurz bei mir, aber es ist da.

Die Geburt war schmerzhaft.
Herausfordernd.
Unter der Dusche stehend, zu Hause, nachdem ich eine Woche mit dem Tod schwanger war.

Mein Körper wollte nicht loslassen, so musste ich ihn unterstützen, den Widerstand auflösen, was ich damals noch nicht aus eigener Kraft konnte.
Mir fehlte einfach eine sehr große Portion Akzeptanz.
Also nahm ich Hilfe an. Und schluckte die Tabletten als Auslöser. Krämpfe, Tränen, Schmerzen, Unterstützung, Blut, Leben und Tod, alles war präsent.

Was nicht da war, war
- Angst (in dem Moment galt es präsent zu sein und dem Körper zu vertrauen)
- Kontrolle (ich musste loslassen und akzeptieren was ist, was war, was sein wird)
- Wünsche (es gab keine Zukunft, es gab nur Hier und Jetzt)
- Zeitgefühl (es gab Raum und Zeit in Unendlichkeit und Ewigkeit)

Es war gezwungene Hingabe.
Jetzt nenne ich es Führung.
Zu der Zeit war es natürlich nicht so leicht.

Emotionen? Alle.
Alle kamen sie zu Besuch. Manche blieben etwas
länger, manche schauten nur kurz vorbei.

Wut, Trauer, Dankbarkeit, Liebe, Freude, Ehr-
furcht. Den ganzen Regenbogen hoch und runter.

Und als es vorbei war und ich diese Hand voll
totes Leben hielt und diesen Teil von mir und
allen Seins in der indischen Erde pflanzte, wurde
es ... still.

Ich war noch nie und vielleicht auch nie wieder in
meinem Leben präsenter, bewusster und verbun-
dener mit aller Existenz.

Es gab nichts – und es war alles da.

Ich war für einen Moment allein, weil mein dama-
liger Partner Orangen für mich kaufen ging. Ich
wollte einfach Orangensaft. Puren Orangensaft.

Orange und Organe schwingen sehr gleich in ihrer
Wortkraft. Meine Organe wollten Orangen.
In dem Moment allein sah ich aus unserem Garten

in Goa die Sonne hinter den Palmen untergehen.
Es muss also später Nachmittag gewesen sein.
Dieses Bild ist zu einem Bild des Lebens für mich
geworden. Wie ein Stück Himmel, das sich öffnete
und mich etwas sehen ließ.

Als würde jemand mit einer überdimensional
großen Hand den manchmal so schweren, dichten,
grauen Vorhang des Himmels am Horizont greifen
und ein kleines bisschen hochziehen. Goldenes
Licht zeigte sich und nicht nur das – darüber
hinaus zeigt sich mir das gesamte Bewusstsein des
Universums.

Es gab keine Fragen. Weder nach dem „Warum",
noch nach dem „Wie weiter", noch nach dem
„Werde ich jemals".
Keine Vergangenheit, keine Zukunft.

Hier und jetzt.

Etwas, das so viel größer war als alles, das ich bisher auf diesem Planeten gesehen habe.

> Manchmal müssen wir etwas gehen, einen Teil von uns sterben lassen, um einen noch grösseren Teil von uns zu entdecken. "

Und das Schönste ist es, die Angst gehen zu lassen. Die nimmt so viel Raum ein, dass sich uns Vieles gar nicht zeigen kann.

Diesen Moment, jeden Moment, mit jeder Zelle spüren und erleben zu dürfen, ist für mich auch F L O W.

Flow klingt nach Tanz und Leichtigkeit.
Ist es oft auch!

Manchmal stimmt jedoch alles, obwohl es nicht leicht ist – und es ist trotzdem Flow.

Das meine ich mit „an Herausforderungen wachsen".

Auch Herausforderungen sind manchmal Flow. Alles an ihnen stimmt.

Es braucht einen korrekten Umgang mit der Angst, um Flow sein zu können und das setzt Vertrauen voraus. Vertrauen in das Leben selbst, dass alles für dich passiert. Ich teile meine Erfahrungen und Geschichten, um zu zeigen, dass du im Vertrauen sein darfst. Du hast es verdient, Flow zu sein. Du musst nicht gegen dich selbst und dein Leben kämpfen.

Hier findest du das Audio zur Vertrauensreise

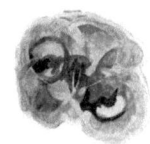

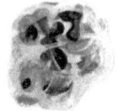

„

Es darf leicht sein.
Auch wenn es manchmal
schwer ist.

"

Perspektiv Wechsel

jetzt bist du dran

Kennst du das Gefühl, im Flow zu sein?
Erinnerst du dich an eine Situation?

Wie fühlte sich das an, wie würdest du
Flow für dich beschreiben?

Hast du schonmal eine Botschaft im
Nachhinein erkannt, die aus einer
Herausforderung entstand?

Gibt es aktuell eine Situation, in der du
mehr Flow sein möchtest?

7

Popcorn und
die Akzeptanz

Paartanz. Stell dir vor, du bist auf dem Parkett, eingehüllt und bewegt von der Musik. In Verbindung mit jemandem. Du weißt nicht, was der andere vor hat. Du reagierst. Du bist aufmerksam, bereit und antwortest auf einen Impuls. Wenn er dein Handgelenk etwas bewegt, drehst du dich in die geführte Richtung. Tust du das nicht und reagierst im Widerstand, dann tust du dir – und deinem Partner – weh.

Ich sage gerne, dass ich mit dem Leben akzepTANZE.

Daher projizieren wir jetzt auf die Kinoleinwand: Dein Tanz mit dem Leben unter den Aspekten

Akzeptanz und Widerstand.

„Ich habe das Gefühl, es geht alles schief", sagte letztens eine Frau in einem Kunden-Call.

„Was ist denn schief?", stellte ich als eine Gegenfrage.

„Hm, naja, nix funktioniert."

„Was ist denn funktionieren?", bohrte ich weiter.

Nach kurzem Überlegen erklärte sie. „Zum Beispiel hat es am letzten Tag im Urlaub geregnet. Und ich hatte Spaghetti für das Kind bestellt, es kamen aber Pommes. Und das drückt auf die Stimmung und dann kippte alles und DER GANZE URLAUB WAR WIE V E R F L O G E N!"

Betrachten wir die Situation:
Liegt das Wetter in deiner Hand?
Nein.
Liegt es in deiner Hand, was dir serviert wird?
Nein.

Das Leben ist oft wie ein Restaurant.
Wartest du, ob dir ein Platz zugewiesen wird?
Wartest du, ob du begrüßt wirst?
Bemerkst du, wie du empfangen wirst?

Hast du reserviert, um sicherzustellen, dass du

einen Platz bekommst oder lässt du es drauf ankommen? Möchtest du deinen Tisch lieber selbst
aussuchen?

Dann geht es weiter …

Weißt du, was du gerne essen möchtest? Fragst du
nach, ob es das gibt?

Fragst du nach Empfehlungen? Kann ja auch sein,
dass dies und das besonders gut ist, weil sie es
gerne anbieten, es dem Koch immer gelingt oder
es muss einfach verwertet werden …

Wartest du auf den Kellner oder rufst du ihn
heran?

Wie geduldig bist du?
Wie sehr vertraust du, dass alles zur
richtigen Zeit zu dir kommt?

Kannst du die Kontrolle loslassen?

Praktische Übung
Das ist wirklich eine wundervolle Übung für den
Alltag. Gehe essen mit dem Vorsatz, alles passie-
ren zu lassen, komplett passiv zu sein.

Und: Beobachte dich, die anderen, die Kontrolle, die Akzeptanz dessen, was ist. Deine Popcorntüte innerlich auf dem Schoß.

Ich habe in Rom letztens Spaghetti Pomodoro bestellt. In Italien ist die Sorte der Pasta nicht unwichtig. Manch einer möchte behaupten, Nudeln sind doch Nudeln. Alles derselbe Teig in anderer Form.

Nicht so für die Italiener!

Also staunte ich, als ich Penne (die kurze Nudelform und viel einfacher zu essen) serviert bekam. Ich bemerkte es für mich, sagte jedoch nichts.

Was ich zusätzlich wahrnahm – und darüber habe ich mich so sehr gefreut – ist, dass ich innerlich grinsen musste und mich bei den Guides des Universums, meine Berg-und Talführer des Lebens bedankt habe. „Ach, ihr glaubt, ich sollte heute Mittag eher Penne essen, weil ich mich bestimmt mit Spaghetti vollgekleckert hätte!? Ich verstehe."

Du auch?
Es ist ein kleiner, ein minimaler Schritt im Außen, aber für meinen inneren Frieden von ENORMER Bedeutung. Und zwar jeder einzelne dieser Punkte

1) Es erkennen
2) Es akzeptieren
3) Es annehmen

Vom Akzeptieren zum Annehmen ist es noch einmal ein weiterer Schritt.

Dass du etwas akzeptierst, heißt, du nimmst es wahr, du wehrst dich nicht, aber du musst es noch lange nicht essen. Dass du etwas annimmst, bedeutet, dass du das Akzeptierte genießt.

Ich gebe dir gleich ein konkretes Beispiel.

Schritt für Schritt und Hand aufs Herz: Wie sehr und oft erkennst du, dass das Leben dir etwas anderes schickt, als du bestellt hast, und zwar nicht aus Boshaftigkeit, sondern vielleicht aus irgendeinem guten Grund?

Wie sehr denkst du, dass etwas „schiefläuft" oder eben, dass es höchst geführt ist?

Erinnerst du dich noch:

Gib auf.
Gib ab.

Statt es als schiefgelaufen zu bewerten, betrachte es, als wäre es eine Rampe. Dein Leben nimmt Schwung auf.

Stell dir vor:
Eine dicke Rechnung flattert ins Haus.
Wie reagierst du?

Ich hatte Phasen, da habe ich amtliche Briefumschläge ignoriert. Ich dachte, solange ich sie nicht öffne, ist die Nachricht auch nicht da.
Solange sie geschlossen sind, ist das Thema nicht relevant.
Aber sie waren nun mal bereits in meiner Realität.
Wie gehen wir dann damit um?

Die nächste Mindset-Stufe bei mir war dann:
Das Feld der Möglichkeiten.
Ich öffne den Umschlag. Mit welcher Energie?
Denn nach dem Gesetz der Quantenphysik ist ja alles möglich. Bis ich eine Zahl oder Wörter gelesen habe, ist ALLES MÖGLICH. In dem Brief kann alles stehen.

Ob da Rückzahlung oder Nachzahlung steht, ist völlig offen. Wenn ich also mit einer absolut positiv eingestellten Energie öffne ...
Rückzahlung!

„Aber was wenn nicht, Anika?
Dann ist die Enttäuschung doch viel grösser."

Und das habe ich eben genau anders empfunden.
Du hast zwei Möglichkeiten in dieser Situation.
Du kannst denken:

1. Bitte, bitte, lass da eine Rückzahlung stehen

ODER

2. Was immer da steht, wird korrekt für mich sein.

Mit der Akzeptanz der Situation hast du eine ganz
andere Frequenz. Sag die Sätze mal laut.
Ist spürbar, oder?

Du schwingst in deinem Leben.

Was immer du für dein Nervensystem in dem Moment tust, alles ist erlaubt und alles ist wichtig.

Dein System darf reagieren, muss sogar reagieren,
alles rauslassen und sich einschwingen. Da können alte Angst, genauso wie rebellische Wut oder
auch vermeintliche Schwäche, weiche Knie und
flacher Atem auftreten. Alles kann hochkommen.
Hier ist Transformation möglich.

Spüre deinen Körper. Lass ihn. Akzeptiere.

Dein Verstand kann hier helfen, wenn du ihn ins
Licht schauen und bewusst denken lässt:

Ich bin sicher.
Alles passiert für mich.
Das Leben ist für mich.
Es ist sicher, hier zu sein.
Ich bin gespannt, was kommt.
Ich bin bereit für Wachstum und Entwicklung.

Eine Freundin fragte mich einmal, als alles „ausser
Kontrolle geriet" in ihrem Leben:

„Aber Anika, was macht das alles für einen Sinn?
Eines Tages erkenne ich den Sinn sagst du, aber
WANN?"

Und ich antwortete: Sobald du voll und ganz ak-
zeptiert hast, was passiert ist.
Wenn du deinem System gut zusprichst, wird es
sich beruhigen. Es wird dir glauben. Ihr gehört
zusammen. Du, deine Nerven, dein Körper, dein
Verstand – ihr seid schon durch so vieles gegangen.

Ihr habt schon so viel durchgemacht.
Und ihr wart immer in Höchstform, wenn ihr zu-
sammengehalten habt.

Wenn du das erkennst, dass du HIER und JETZT
die Wahl zu Wachstum und Transformation hast,
dann kommst du in die nächste Phase:

Akzeptanz – der Schwung auf der Rampe.

Es kann zum Beispiel der Schwung sein, der dann
das Geld zu dir kommen lässt. Doppelt und drei-
fach womöglich.
Ein Vorbote.

Früher habe ich als Babysitter für 12 DM/Stun-
de gearbeitet, später als Kellnerin für 18 Euro/
Stunde, dann als Freelancer für 350 Euro/ Tag, als
Regisseurin für 750 Euro/Tag und mittlerweile
kann ich Zeit und Geldwert überhaupt nicht mehr
aufwiegen. Es hat sich vermischt. Beruf wurde zur
Berufung.

Was stets zutraf: Ich hatte erst immer höhere Aus-
gaben.
Zum Beispiel habe ich in eine Vespa (tanken, Ver-
sicherung) investiert, um zum Babysitten fahren
zu können.

Dann habe ich ein Auto gekauft – so konnte ich
diese anderen Jobs überhaupt erreichen.

Ich musste immer vorgehen und ausgeben, abgeben, mutig sein.

Ich habe es oft so gesehen: Je grösser meine Rechnungen, umso höher wurden auch die Einnahmen. Bemerkenswert im Rückblick.
Den ersten Schritt hat immer die Rechnung gemacht, nicht die Einnahme. Die Rechnung ist vorgegangen. Als hätte die Ausgabe die Einnahme an die Hand genommen. Als die Einnahme es kapiert hat, dass es möglich ist, dass sie mehr annehmen kann als bisher, wurde es leicht.

Und so kommen wir zum dritten Punk der Auflistung: das Annehmen.

Ein paar einfache Beispiele, die du vielleicht im Alltag auf verschiedene Situationen übertragen kannst:

Du bekommst ein Armband geschenkt. Klar, sagst du danke und nimmst es an.

Allerdings erst einmal nur an dich.
Du nimmst es hin zu dir.
Erst, wenn du es trägst, hast du es vollkommen angenommen.

Du bekommst einen Tipp für vollere Haare. Ein wunderbares Öl. Du nimmst diesen Tipp hin, aber sobald du die Pflege auch nutzt und einmassierst und das Ganze nur für dich tust, hast du es angenommen.

Dir macht jemand ein Kompliment: Oh wow, du tanzt schön. Ich schaue dir gerne zu. Deine Stimme ist so besonders. Du kannst besonders gut Geschenke verpacken.

Du nimmst das Kompliment hin – aber nimmst du es auch wirklich an? Kannst du dich selbst unkritisch betrachten, wohlwollend und sanft und frei dein Talent ausleben? Oder denkst du, ich bin nicht gut genug, das ist doch nichts Besonderes. Bei vielen Punkten sind wir zögerlich in der Annahme, denn wir haben meist mehr Angst vor unserem Licht als von unseren Schatten.

Wir haben meist mehr Angst vor unserem Licht als vor unserem Schatten.

Im Schatten kennen wir uns aus. Da fallen wir nicht auf, da sind wir sicher. Aber wenn wir wachsen, werden wir sichtbarer, grösser, können mehr anecken. Autsch.

Ausserdem: dieses Talent ist unterbewusst immer mein Plan B. Was wenn ich zu früh rausrücke damit und es schief geht? Dann ist mein Joker weg. Nochmal: was ist denn „schiefgehen"?

Angenommen, dein Licht ist das, was in der Welt noch fehlt. Nimmst du das so erstmal hin oder kannst du das annehmen?
Es fühlen?
Verschmelzen lassen mit dir.
Nicht infrage stellen.
Einheitlich und vereint.
Du BIST dein Licht.
Du LEBST dein Licht.

Dann wird das Leben richtig leicht.
Zweifellos.
Widerstandslos.

Abgemacht – und angenommen?

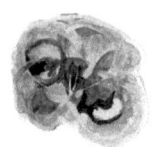

„

Es ist nichts
schiefgelaufen.
Das Schiefe ist wie eine Rampe.
Dein Leben nimmt Schwung auf
um noch weiter zu fliegen.

"

Perspektiv
Wechsel

jetzt bist du dran

Was ist diese Woche „schiefgelaufen"?

Wieso war das ein Anlaufnehmen für
mehr, ein Schwungholen?

Willst du lernen,
deine Gaben anzunehmen?

Dann lade ich dich ein in das nächste
Kapitel.

8

Popcorn
und die
Hingabe

Nach der Annahme kommt die Hingabe.

„

Wir können nur geben,
wenn wir zu nehmen
gelernt haben.

“

Was ich hauptsächlich lernen musste, war nicht das „Neinsagen". Darin war ich sehr gut. Erstmal habe ich nämlich alles abgelehnt. Meine Mama hat mir oft kopfschüttelnd gespiegelt: Kind, du sagst immer erstmal „nein".

Das kam natürlich von meinem eigenen, individuellen Design, dass ich alles selbst ausprobieren muss. Als ich mein Human Design Chart lesen lernte, bekam mein gesamtes System Beweise, Zuspruch und einen Extra-Push Mut. Dieses Thema ist für viele noch immer ganz neu. Es geht hier nicht um Horoskope, Human Design ist eine Erinnerung an unsere Individualität, hilft uns, den Fokus auf unsere Kraft und Talente zu setzen und das Wissen unterstützt uns bei Entscheidungen, die unseren einzigartigen Weg und Energieeinsatz bestimmen. Wenn du mehr dazu erfahren möchtest, schau dich gerne auf meiner Webseite um oder höre in meinen Podcast rein (den Weg dahin findest du am Ende des Buches).

Und so wurde die Human Design Lehre zum wichtigsten Werkzeug und Lehrer in meiner Arbeit mit Menschen auf der Suche nach ihrem Extra, ihrer Individualität, ihrer Aufgabe, ihrer Freiheit und innerem Frieden.

Mein persönliches Chart sagt schwarz auf weiß,

dass ich hinterfragen muss. Ich wollte und konnte den Berichten der anderen nicht glauben. Ich habe es erst gelernt, wenn ich es selbst gemacht habe.

Somit war „nein" eine natürliche Reaktion und ich musste erstmal „ja sagen" lernen. Oder was meine liebe Mama mir letztens als Postkarte schickte: „Man muss auch mal Wein sagen können."

Es gab eine Zeit, da habe ich in materiellen Dingen keinen Sinn gesehen. Nicht nur das, ich konnte und wollte nichts annehmen.

Es war unmöglich, mir etwas zu schenken, mir etwas recht zu machen.

Alles wurde kritisch von mir betrachtet, selbst die Aktion an sich. „Du musst doch kein Geld dafür ausgeben!", sagte ich lächelnd, dennoch zurück-weisend und fast vorwurfsvoll.

Was habe ich mit dieser Einstellung unbewusst gemacht und erreicht?
Meinen eigenen Wert ganz schön runterge-schraubt.
Bis in den Keller. Und wenn ich meinen Wert nicht anerkennen konnte, wie sollte jemand anderes das schaffen?!

Irgendwann hat mir niemand mehr etwas geschenkt.

Ich wollte dir erst auch etwas mitbringen, aber ich wusste nicht ...
Ach das gefällt dir? Ich wollte es für dich kaufen, aber ich dachte ...
Aber du willst doch nie etwas ...

Dann gab es einen bestimmten Moment.
Nach fast 2 Jahren durchgängig in Indien lebend ohne meine deutsche Familie zu sehen, kam ich nach Deutschland zurück. Meine Mama hat mir ein Tuch überreicht und gesagt: „Hier, ich dachte, die Farben könnten dir vielleicht gefallen?" Es sind Anker auf dem Tuch und die Farben waren sanft pastellig.

Genau so fühlte sich mein Herz in diesem Moment an: Verankert in Sanftheit. Und ich reagierte freudig und sagte: „Oh, wie schön!".

Die Erleichterung, das Ausatmen, die Freude meiner Mutter über meine Reaktion zu sehen, war ein Schlüsselmoment für mich.

Ich habe in diesem Moment erkannt, was es für andere bedeuten kann, mir etwas geben zu kön-

nen. Überhaupt etwas geben zu dürfen. Weil ich
es durch die Annahme erlaube.

,,

Wenn wir nicht
annehmen können,
erlauben wir dem anderen
in dem Moment nicht,
zu geben.

"

Und der andere ist eben auch
das Leben selbst.
Also erlaubst du dem Leben nicht,
dir etwas zu geben.
Freu dich über Geschenke
wie ein kleines Kind.

Diese Freude meiner Mutter über meine Freude über dieses Tuch. Unbezahlbar.

Bis heute bin ich noch nicht komplett bereit für diese Annahme, aber ich habe einen Anker, der mich erinnert, was es für andere bedeuten kann, wenn wir ihnen erlauben, zu geben, indem wir nehmen.

Die Balance von Geben und Nehmen ist der Ursprung und die Quelle aller Hingabe.

Es ist das Fundament, die Basis.

Hingabe kann ohne diese Basis nicht stattfinden.
Weil immer etwas fehlt.
Weil in uns etwas fehlt, das wir noch nicht angenommen haben, oder weil etwas in uns fehlt, das wir nicht geben können.

Hingabe ist alles. Du BIST Hingabe.

Es ist mehr als Akzeptanz, tiefer als Sein. Es ist eine Realität in der Realität. Wie ein Auflösen des Egos.

Ego und Hingabe verstehen sich nicht gut, sie gehören nicht zusammen.

Wir geben auch das Ego hin.

„Aber Anika, wohin denn?"

„Und was bleibt?"

In dem Prozess zu einem weiteren Bewusstsein, deinem erweiterten Bewusstsein, wird dein Ego immer leiser. Es merkt, dass es nicht mehr kämpfen muss. Wie der Verstand. Der Verstand und das Ego streiten sich eigentlich die ganze Zeit um den Chefsessel in ihrem Bürokomplex.

Und immer wenn Ego oder der Verstand auf dem Platz sitzen, kann der jetzige Moment, das pure Sein, nicht Platz nehmen.

„Aber Anika,
wer soll denn jetzt auf diesem Stuhl sitzen?"

„Na du."

„Und wer ist das?"

Das ist eine spannende Frage.
Wer bist du eigentlich, wenn nicht der, der du verstandesmäßig glaubst, zu sein?

In meinen Augen ist das die Hingabe.
Wenn wir:

- die Kontrolle abgeben
- an nichts mehr kleben
- miteinander leben
- uns wunschlos sein lassen
- angstfrei im Vertrauen sind
- uns fliessen lassen und
- akzeptieren können

Dann sind wir in der Hingabe angekommen.

Eine Hingabe an das Leben.

Dann wird Nehmen – oder einfach Bekommen –
möglich. Empfangen, in Leichtigkeit.

Es gibt diese schöne Geschichte von dem Baum
und dem Blatt.

Stell dir ein Blatt am Baum vor: Es wächst, entfaltet sich, erst ganz knospig zaghaft, dann wird es
immer stabiler.
Es ist stark mit dem Ast des Baumes verbunden.
Saftig und in leuchtenden Farben. Die Zeit lässt
die Verbindung immer stabiler werden.

Und irgendwann wird das Blatt schwächer. Der
Baum sagt, ruh dich aus, ich halte dich.

Die Kraft es Blattes lässt merklich nach.

Die Farbe verändert sich und es fühlt sich schwer an. Der Baum sagt wieder: Ruh dich aus, ich halte dich.

Das Blatt atmet noch tiefer aus, verliert an Kraft ... lässt sich fallen.
Der Baum sagt: Ich halte dich. Ich halte dich.
Das Blatt hat keine Kraft mehr. Es ist bereit für alles, es gibt sich allem hin.
Der Baum sagt: Ich lass dich los, du bist frei.

Bist du das Blatt oder der Baum?

„

Nicht das Blatt entscheidet,
wann es fällt.
Es macht sich bereit.
Der Baum entscheidet,
wann er es loslässt.

“

Lass uns das einmal von allen Seiten beleuchten,
denn aus meiner Perspektive sind wir beides. Alles
ist eins. Und manchmal sind wir in der Rolle des
Baumes und entscheiden, wann wir etwas loslassen. Zum Beispiel eine Angewohnheit, einen
Arbeitsplatz, einen Ort, einen Energievampir,
einen Freund, eine Wohnung, ein Buch.

Und manchmal sind wir das Blatt und unsere Aufgabe ist es, uns immer wieder bereit zu machen,
losgelassen zu werden. Zu fliegen, zu fallen, zu
sterben.
Wieder und wieder.
Sterben lernen.

Wir haben keine Kontrolle über den Zeitpunkt.
Wir geben uns hin und lassen den Zeitpunkt kom-
men, an dem der Baum uns loslässt.
Wir sind bereit.
Was glaubst du, wer du bist?
Lerne dich kennen, beobachte.

Alles.

Wieder und wieder. Bis alle Bürotüren aufgelassen
werden. Und es herrscht Buntes Treiben. Bis es
gar keinen Chefsessel mehr gibt.. Buntes Treiben
herrscht. Bis es gar keinen Chefsessel mehr gibt,

weil alles ineinander fließt und es keiner Direktion mehr bedarf.

„

Wir geben uns dieser Existenz nicht nur hin, sondern wir sind die Existenz und die Hingabe selbst.

"

Ein sehr kleiner aber großer Unterschied, wenn wir tief blicken.

Und im Eins-Sein mit der Hingabe ... bist du

f r e i.

Perspektiv
Wechsel

jetzt bist du dran

Ist dein Chefsessel noch besetzt von einer anderen Macht, wie Zweifel, Angst, Kontrolle?

Darf es eine Kraft geben, die dich führt, auch wenn du nicht weißt, wo es lang geht?

9

Popcorn *und die*

H
F
R
I
E

„Anika, ich habe das Gefühl, in einem Käfig zu sitzen.
Und selbst wenn die Tür auf ist, fliege ich nicht raus.
Ich traue mich nicht."

Kennst du das auch?

Als Kind hatte ich mehrere Haustiere. Ich hatte
Glück. Denn ich habe sehr viel von ihnen gelernt.
Mein erstes Tier war eine Nachtigall oder auch
chinesischer Sonnenvogel genannt. Jeden Tag ließ
ich ihn aus dem Käfig, damit er einige Runden im
Zimmer fliegen konnte (grausam eigentlich, wenn
ich mir das jetzt wieder vor Augen führe). Er hat
schön gesungen. Ich hatte ihn ein paar Jahre. Und
manchmal musste Mama mich erinnern:

„War Hansi heute schon fliegen?"

„Oh, ich lass ihn raus."

Manchmal habe ich vergessen, den Käfig zu schlie-
ßen, war unterwegs und als ich spät wiederkam,
saß der Vogel auf dem Käfig und schlief.

Ich fühlte mich schuldig, hielt meinen Finger hin,
ließ ihn rein auf seine Stange hüpfen und schloß
die Tür.

Ich hatte das Gefühl, ich bringe ihn ins Bett. Der
Käfig war in meinen Augen sein Haus, sein Schutz
und so fühlte er das vielleicht auch.
Vielleicht auch nicht.

*Ist ein Käfig dein Schutz oder
deine Einschränkung?*

In jedem Fall ist es eine Begrenzung. Und Begrenzungen können als bestärkend und inspirierend
oder als Beengung gesehen werden.

*„Aber Anika, wie kann denn eine Begrenzung
inspirierend sein?"*

Nehmen wir zum Beispiel das Bild von einem
Fußballspiel: Ohne Begrenzung gäbe es kein Feld
und schon gar kein Tor. Niemand würde jubeln,

es gäbe keinen Wettkampf, keinen Antrieb, keine Weltmeisterschaft. Ob das gut oder schlecht wäre, ist nicht die Frage. Fakt ist, es braucht eine Begrenzung für Messbarkeit. Und in unserer Welt möchte nun mal immer noch alles gemessen werden.

Wir sind noch nicht so weit, angemessen unvermessen leben zu können. Wir messen sogar die Liebe.

Ich liebe dich mehr.
Ich liebe dich bis zum Mond und zurück.
Und ich liebe dich noch mehr.
Noch mehr ...
Ich dich mehr ...

Liebe ist. Du bist Liebe.
Sie ist nicht messbar.
Grenzenlos.

Zurück zur Begrenzung. Ohne Begrenzung hätte Picasso kein Bild malen und Michelangelo keine Kirchenkuppel gestalten können.

Es gäbe keine Form wie den Louvre, keine Klänge eines Klaviers oder keinen Rand, über den man malen könnte.

Begrenzungen können also durchaus unsere Kreativität anregen.

„Aber Anika, wie kann denn ein Käfig ein freies Gefühl vermitteln?"

Gute Frage.
In Indien habe ich einmal folgende Situation beobachtet: In der Nachbarschaft in meinem Dorf haben einige Menschen Haustiere. Katzen laufen frei herum, Hunde zum größten Teil auch, aber Vögel sind gefangen.

Eines Tages auf dem Heimweg vom Strandspaziergang sah ich, wie ein Vogelkäfig mitten auf einem Platz zwischen den Häusern stand. Die Käfigtür war offen.

Einige Menschen standen dort ebenfalls und blickten Richtung Himmel. Ich folgte ihrem Blick. Ein bunter Papagei saß auf einem Stromkabel. Er schaute auf uns herab.

Frei.

Oder?

Ich beobachtete ihn. Er traute sich nicht so richtig.

*Vertraute seinem Instinkt nicht mehr,
der so lange unterdrückt worden war.*

Ich habe damals eine Umfrage mit zwei Auswahl-
möglichkeiten über Social Media gemacht:

1.: Würdest du dich ins Abenteuer stürzen und los
fliegen, ohne zu wissen, woher du deine nächste Mahlzeit bekommst?

Oder

2.: Würdest du zurück in den Käfig gehen, den du
dein Zuhause nennst und weißt, es gibt wieder
regelmäßig Futter, deine Bedürfnisse sind ge-
stillt und du kannst dich um Wichtigeres kümmern – zum Beispiel den ganzen Tag schöne
Lieder singen?

Über 80 Prozent waren sich einig. Und ich war
überrascht:

Sie würden zurück in den Käfig gehen. Zurück in
die Komfortzone, bekanntes Terrain, beschützt.

Was ist also DEIN Käfig?

*Du kannst wählen,
weil du selbst der Käfig bist.*

Wie sehr ist es ein Käfig oder nur eine Sicherheitszone, in der du dich entwickeln, wachsen und singen üben kannst?
Du kannst das selbst entscheiden.

Es ist dein Blick auf die Dinge, die Welt, den Käfig.

Nichts davon ist gut oder schlecht, weißt du noch? Es geht darum, dass du glücklich bist.

Ist es für dich zufriedenstellend und erfüllend, für deine Liebsten, deine Familie, zu singen? Oder möchtest du, dass mehr Menschen deine Lieder hören?

Der Käfig ist nur dann ein Käfig, wenn er dich von etwas abhält, was in dir brodelt. Ansonsten ist es einfach dein Heim. Kannst du das sehen?

Die Definition von Freiheit ist nicht für alle gleich.

Nur weil einige Menschen ans andere Ende der Welt reisen, nicht heiraten, als Freelancer oder Entrepreneur von überall arbeiten, heißt es nicht, dass diese Menschen freier sind als die, die im Büro arbeiten mit drei Kindern im Schulsystem und die Kochbücher für gesunde Kinderernährung gestalten. Das wird uns oft so vermittelt.

Und schon wird jemand zu einem Freiheitskämpfer für eine Perspektive von Freiheit, die gar nicht seine ist. Ob du frei bist, bestimmst ganz allein DU.

Was mir am meisten geholfen hat, alle Aspekte von Freiheit in meinem Leben zu beleuchten, anzusehen, anzunehmen und zu akzeptieren ist – na, was wohl?

Genau! Popcorn!

Je mehr Popcorn ich gemümmelt habe, desto tiefer habe ich mir den Film angeschaut und desto mehr Abstand habe ich gefunden, zu allem. Auch zu meiner Einstellung und meinen Ansichten. Ich habe entschieden, dass ich frei bin. Kein Ort, keine Aktion, kein Wort und kein Lied haben mir das Gefühl vermittelt, zu dem ich mich selbst ermächtigt habe. Und zwar durch eine pure Anschauung.

Ich habe also viel ausprobiert und gemacht (aktiv und passiv vom Leben geregelt) auf meinem Weg in die Freiheit:

- Ich habe alles weggegeben, was ich in Köln hatte.
- Ich habe meine Haare abrasiert.
- Ich habe meine Wohnung verkauft.
- Ich habe mich aus einem Land abgemeldet.
- Ich habe Liebesbeziehungen beendet.
- Ich habe Unternehmen gegründet und wieder geschlossen.
- Ich habe eine Zeit komplett ohne Versicherungen gelebt.
- Ich habe gefastet.
- Ich habe tagelang geschwiegen.
- Ich habe den Übergang von Leben und Tod gesehen.
- Ich habe geliebt, gelesen, gelassen, gelernt.

Nichts davon hat für sich allein stehend geholfen. NICHTS!

Selbst das Konto voller Geld, was für viele von uns – mich eingeschlossen – ein riesiger Aspekt von Freiheit ist, hat mir kein Gefühl von Freiheit gegeben.

„Aber Anika, wie kann das sein? Dann kannst du dir doch jedes Flugticket kaufen, kannst essen gehen, hast keinen Druck, Geld zu verdienen ...?"

Yes. Aber was ist mit:
- der Angst, dass plötzlich alles weg sein könnte?

- das Wissen, dass es nur eine Zahl auf einem Konto ist?
- dem Gedanken, dass ein Erdbeben dein Haus einfach zerfallen lassen könnte?
- dem Gedanken, dass dein Körper nicht in deinem Plan mitspielt

Nichts gehört uns wirklich. Nicht einmal unser Körper.
Geld hat mich entspannt und mir geholfen. Aber es war nicht die Lösung.

Geld hat mich aber nicht in die Freiheit geschickt. Finanzielle Freiheit ist in meinen Augen ein Widerspruch, mit dem viel Werbung gemacht wird. Aber Freiheit selbst ist nicht messbar, Finanzen sehr wohl. Wie soll das also unter einem Hut vereint werden?

Du entscheidest, dass du frei bist. Hier und jetzt. Akzeptierst du das nur – oder nimmst du es auch an ... ?

"

So lange du Angst hast,
deine Freiheit zu verlieren,
bist du nicht frei.

"

Dieser Satz lässt mich nicht mehr los. Jedes Mal, wenn er mir in den Sinn kommt, greife ich zur Popcorn-Tüte und setze mich mit ihm zusammen auf die Couch. Die Reise ist noch nicht vorbei. Wir sind alle mittendrin.

Jedes Ereignis und jede Erkenntnis haben dazu beigetragen, dass ich in mir eine tiefe, tiefe Verbundenheit zu meinem Ursprung entwickeln konnte. Dieser Ursprung hat mir mit all den Experimenten, Erkenntnissen, Hinfallen und Aufstehmomenten, die du in diesem Buch gelesen hast, Freiheit gezeigt.

So wie es viele große Philosophen und Denker nicht nur vorsagen, sondern auch vorleben und aus ihrer Erfahrung zeigen:

Freiheit beginnt im Kopf.

Wenn wir auch oft über den Verstand meckern: Hierbei kann er uns wirklich helfen. Wir können entscheiden, dass wir frei sind und alles so drehen und wenden, bis der Verstand es gut erfassen kann, sodass wir es glauben und dann auch fühlen.

Anfangs hat es mir sehr geholfen, dem Verstand eine Logik, Nachvollziehbarkeit, Beweise aufzuzeigen. So hat der Verstand der Stimme des Herzens

immer mehr vertraut und diesem damit auch
Entscheidungskraft überlassen.

Follow your heart.

Also Freunde der Sonne, lasst uns den Verstand
verlieren.
Und in dieser Freiheit, lässt du dich einfach sein.
Damit es nicht heißt REST in Peace sondern auch
LIVE in Peace.
Das vergessen wir nämlich.
Schnapp dir Popcorn und beobachte das Leben,
die Menschen, die Welt, dich selbst mit einem absolut wohlwollenden Blick.

Und sei sanft mit dir, denn du weißt:

„

Alles passiert zu seiner Zeit!

"

Der Weg ist nicht das Ziel.
Es gibt kein Ziel.
Es gibt nur den Weg.

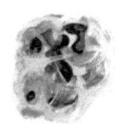

Mehr Popcorn, bitte!

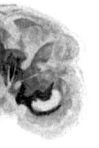

*Hier findest du das Audio zum
Start in den Tag*

Perspektiv
Wechsel

ich habe noch eine Frage
für dich

Was ist Freiheit für dich?

www.humandesignstories.com

Apple
Podcast Human Design
Stories mit Anika

Spotify
Podcast Human Design
Stories mit Anika

In Verbindung bleiben

An jedem 9. Tag im Monat biete ich einen offenen
ZOOM Raum an. Du bist herzlich eingeladen,
dabei zu sein, mir Fragen zu stellen oder dich
einfach inspirieren zu lassen.

Die Informationen dazu sowie zu Veranstaltungen
und Angeboten findest du auf meiner Webseite.

Besuche mich im Internet unter
www.humandesignstories.com

oder höre weitere Geschichten in meinem Podcast
Human Design Stories mit Anika

Mein Dank gilt allen Menschen,
die mich berührt haben und die ich berühren
durfte.
Mit Worten, Präsenz, einem Lächeln.
Besonderer Dank gilt den Mutmachern, die mich
immer wieder gefragt haben, wann sie mein Buch
in den Händen halten können. Hier meine Lieben.
Jetzt und Hier.
Und natürlich danke ich den Menschen in
meinem Leben, ohne die es diese Geschichten gar
nicht geben würde. Haupt- und Nebendarsteller
und den Komparsen.
Wir machen nur gemeinsam Sinn.
Und vor allem danke ich dem Kinobetreiber,
und zwar dem Leben selbst als mein liebster
Tanzpartner.

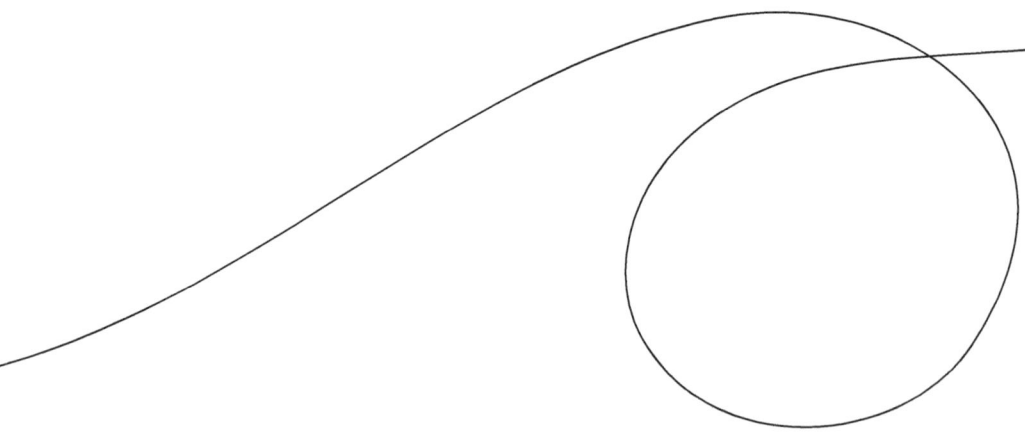

Wer hätte das gedacht:

Archäologische Funde belegen, dass es Popcorn bereits von über 5000 Jahren gab. Damals hieß es Puffmais und wurde von den Inkas und Azteken verwendet, möglicherweise auch als Grabzugabe. Ich habe gelesen, dass es eher eine Entdeckung als eine Erfindung war, als Maiskörner zufällig (?!) ins Feuer gelangten und aufplatzen. Die Erfinder der Popcorn-Maschine waren dann Frederick J. Meyers und Charles Cretors im 19. Jahrhundert.

Aber wie gesagt: Glaube mir kein Wort ...